Gerd Stolz

Historische Stätten der Marine in Schleswig-Holstein

Westholsteinische Verlagsanstalt
Boyens & Co., Heide

ISBN 3-8042-0513-5

Umschlaggestaltung: Günter Pump
Herstellung: Westholsteinische Verlagsdruckerei Boyens & Co.,
Heide
Printed in Germany

Inhalt

Einführung

Unabhängig vom Wandel der Ideale, Wertmaßstäbe und Weltanschauungen wird Geschichte als Teil der menschlichen Kultur verstanden, die stets dem Gegenständlichen verhaftet bleibt – Sammlungen, Galerien und Museen sind der Nachweis solcher gesuchten Unmittelbarkeit und das Verbindungsglied zwischen dem Einst und Heute. In dem Gegenstand, auch wenn er ohne fortdauernde Wirkung ist und seinen ursprünglichen Zweck eingebüßt hat, erleben wir einen überlieferten Teil der Geschichte mit der Möglichkeit um Eingliederung in übergeordnete Zusammenhänge.

Die Marinegeschichte ist nicht nur Teil der Militärgeschichte, sondern in eben demselben Maße auch der Landes-, Regional- und Wirtschaftsgeschichte. In besonderer Weise ist sie der epochenspezifischen Wertorientierung militärischer Traditionen verhaftet, sie ist das Ergebnis einer Kette von politischen, wirtschaftlichen, geographischen und territorialen Umständen, Ursachen und Wirkungen in der unmittelbaren Verbindung zum Wasser, zur See.

Wenn eine Marine zuerst auch einmal durch ihre Flotte, die schwimmenden Einheiten, ins Augenmerk fällt, so erfordert sie darüber hinaus zahlreiche Landeinrichtungen, eine umfassende Infrastruktur im personellen und materiellen Bereich. Daher sind auch Marinebauten und -anlagen unterschiedlicher Art und Nutzung zur Verdichtung des Bildes in dieses Buch einbezogen. Denkmäler und Gedenkstätten rufen Ereignisse in das Bewußtsein, die einst ein wesentliches Element historischer Bildung und des (alltäglichen) Lebens waren, heute vielfach ein unbeachtetes, versunkenes Dasein führen. Sie sind nicht selten auch Objekt der Orts- und Landschaftsgestaltung mit – manchmal heftig umstrittenen – künstlerischem Anspruch im Spiegel ihrer Epoche, sie wirken zugleich der Anmaßung historischer Nivellierungsbestrebungen entgegen.

Eine Einführung in die Marinegeschichte – gleichsam eine Skizze mit großen, groben Linien gezeichnet – verweist auf Anlaß, Entstehen, Entwicklung, Voraussetzungen und Bedingungen einer deutschen Marine, ermöglicht das Verstehen um die Konzentration von Marineanlagen in Schleswig-Holstein, insbesondere in und um Kiel. In dem Band werden sowohl weltbekannte wie auch weniger bekannte Stätten in Schleswig-Holstein mit ihrer historischen Einordnung aufgeführt, ebenso die Stätten zum Schutze des Reichskriegshafens Kiel erwähnt, denn sie dienten gleichermaßen der Marine wie dem Schutz ihrer Kommandostellen, Werften und (Zuliefer-)Betriebe.

Dieser Führer durch das Land zeigt zugleich auf, wie weit Schleswig-Holstein, das „Land zwischen den Meeren", und die Marine zusammenhängen, wie die Marinegeschichte eingebunden ist in die allgemeine Landeskunde und -geschichte, auch wenn es so (vordergründig) nicht immer wahrgenommen wird. Manche Stätte ist dabei von allgemeinhistorischer Natur über die Marine hinaus, ja sogar vielleicht Stück eines Momentes weltgeschichtlicher Bedeutung zumindest gewesen.

Es sind mit der Beschreibung der Stätten keine Deutungsversuche von mathematischer Gewißheit verbunden, denn die Chance für selbständig-kritisches Nachdenken und lebendiges Fragen – über historische Abläufe – soll nicht ausgeschlossen werden. Unsere eigene nationale Vergangenheit als Fundament und Erbe in positiver oder negativer Art wird gegenwärtig, führt zur direkten Betroffenheit. Die Stätten, auch wenn seit ihrer Entstehung ein Wandel in der Nutzung zu verzeichnen ist, zeigen in ihrer Gegenständlichkeit ein Beharren, sie erinnern an ihren Anfang und können losgelöst von ihrer Zeitgebundenheit vielfach kaum verstanden werden.

Dieser Band ist ein Führer zu den Stätten und Überlieferungen der Marinegeschichte in Schleswig-Holstein, zu den Zeugnissen einer der See verbundenen Vergangenheit, mit der das Land und seine Menschen leb(t)en. Er erzählt Geschichte, Geschichten und zuweilen Histörchen. Die Literatur-Hinweise zeigen einige weiterführende, vertiefende oder spezielle Werke auf, denn das gesamte Schrifttum zur Marine, Marinegeschichte, über Schiffe, Schiffsbau und -entwicklung ist sehr umfangreich und vielfältig, wächst ständig mit der Fortdauer einer Marine, mit neuen Forschungsergebnissen, mit den Anforderungen eines breiten Interessen- und Freundeskreises, der im übrigen nicht auf die Küstenregionen beschränkt ist.

Entwicklungslinien der deutschen Marinen

Wie kein anderes Instrument der Macht ist eine Marine in hohem Maße abhängig von den zeitbedingten technischen Möglichkeiten und den naturgegebenen Voraussetzungen des Landes bzw. seines Küstenbereiches. Schleswig-Holstein in seiner Brückenfunktion zwischen Nord- und Ostsee mit der Landenge zwischen Eider/Treene und Schlei weist viele Naturhäfen aus, die der Schiffahrt auch den Weg ins Landesinnere öffnen. Mit dem Nord-Ostsee-Kanal und seinem Vorgänger, dem Eider- oder Schleswig-Holsteinischen Kanal, besteht darüber hinaus eine auch für seegehende Schiffe nutzbare unmittelbare Verbindung zwischen den Meeren.

Die 1300 km lange Küstenlinie Schleswig-Holsteins umfaßt mit dem nordfriesischen Wattenmeer einen großartigen geographischen Naturraum, dessen Eigenarten einer wirtschaftlichen Nutzung im Rahmen von Handel und Seefahrt jedoch vielfach zuwiderlaufen. Seeschiffe finden hier nur ganz wenige nutzbare Wege, die tiefgehenden modernen Großschiffen heutiger Prägung nicht mehr genügen. Die Watten schützen so einerseits vor einem Marineunternehmen, sie gestatten andererseits auch kaum Marineanlagen, sofern es nicht ausschließlich Landeinrichtungen ohne unmittelbaren Bezug zu schwimmenden Einheiten sind.

So ist es keineswegs verwunderlich, daß der überwiegende Teil der Marineanlagen im schleswig-holsteinischen Küstenbereich an der Ostsee zu finden ist mit Schwerpunkt in Kiel. „Der Kieler Hafen ist einer der vorzüglichsten in der ganzen Welt. Er zeichnet sich sowohl durch seinen großen Tiefgang, als durch seine geschützte Lage aus“ (Hagener Zeitung vom 6. Juni 1868). Kiel als einer der besten Naturhäfen Europas war seit jeher ein bevorzugter Platz für die dänische wie deutschen Marinen, denn es bot eine gute Zufahrt für Seestreitkräfte, Möglichkeiten einer günstigen defensiven Küstenverteidigung mit einer Sperrung der Förde bei der Friedrichsorter Enge und den Raum für notwendige Landeinrichtungen wie z. B. Werften, Arsenale, Depots, Unterkünfte.

In die stürmischen politischen Strömungen des Jahres

1848 in Deutschland mit dem schwärmerischen Ruf nach Einheit und Freiheit war auch eingebunden der deutsch-dänische Streit um die beiden Herzogtümer Schleswig und Holstein. In engem Zusammenhang mit dem Jahr 1848 europäischer Geschichte standen die militärischen Auseinandersetzungen auf dem Landrücken von der Elbe bis nach Jütland, an denen der Deutsche Bund durch Truppen des Großteiles seiner Mitglieder teilnahm.

Wenn auch der schleswig-holsteinische Krieg der Jahre 1848/51 ein kontinental orientierter Krieg innerhalb eines engen, natürlich begrenzten Schauplatzes war, so ist er einer der auslösenden Momente um die Schaffung regulärer deutscher Seestreitkräfte gewesen. Daß eine Handelsschiffahrt in Krisen- und Kriegszeiten ohne den Schutz und die Sicherung durch eine Marine stark gefährdet ist, zeigt ein Blick in die Geschichte. Doch den Bemühungen mehrerer deutscher Hafenstädte, eine deutsche Marine zur Sicherung ihrer Schiffahrt zu propagieren, war wenig Erfolg beschieden; die regional und z. T. landsmannschaftlich bestimmten Einzelinteressen der deutschen Staaten verhinderten das Zusammenfinden zum gemeinsamen Handeln in dieser Frage.

Erst als 1848 die dänische Flotte die deutschen Häfen blockieren, die deutschen Küsten und die deutsche Handelsschiffahrt auf offener See bedrohen konnte, die deutschen Staaten diese Maßnahmen hilflos ertragen mußten, flammte in der deutschen Öffentlichkeit der Marinegedanke auf. Diese Flottenbegeisterung, die im Kern auch die 1848 unbeantwortet gebliebene Frage nach der nationalen Identität beinhaltete, sah in einer Marine weithin nur die „schimmernde Wehr" auf dem Wasser als Ausdruck von Stärke und Macht. Zahlreiche Personen legten in jenen Jahren ihre Gedanken um eine deutsche Flotte schriftlich nieder, doch verhallte ihre Stimme meist ungehört. Einer der wenigen, der seine Zeitgenossen aufhorchen ließ, war Prinz Adalbert von Preußen mit seiner 1848 in Frankfurt/M. erschienenen „Denkschrift über die Bildung einer Deutschen Kriegsflotte"; er gilt allgemein als Wegbereiter und Gründer der deutschen Marine.

Keine Frage – vielleicht mit Ausnahme der Schleswig-Holstein-Frage – war im 19. Jahrhundert so sehr eine nationale, liberale und deutsche Frage wie die deutsche Flotte, teilweise überhöht von den Gedanken um Seemacht, Über-

Die Schleswig-Holsteinische Flotte im Kieler Hafen 1850; rechts die Schleswig-Holsteinische Marinewerft (heute: Portalkräne HDW), in der Mitte Raddampfer „Bonin" und Schoner „Elbe", links Dampfschraubenkanonenboot „v. d. Tann"

seepräsenz und Kolonialbesitz; keine andere Frage wurde unabhängig von sozialer Schlichtung so dicht und hinhaltend in Deutschland diskutiert, aufgegriffen und verworfen wie die deutsche Flotte, und keine Frage war so eng mit der demokratischen Staatswerdung in der Entwicklung des deutschen Einheitsgefühls verbunden wie die deutsche Flotte.

Das Jahr 1848 signalisiert für die Marine zwei Entwicklungen und zwei Seerüstungen

- die Schleswig-Holsteinische Marine von 1848 bis 1852 mit regionaler Bedeutung und dem Ansatz von Küstenschutz und -verteidigung,
  die Reichsflotte von 1848 bis 1852 mit dem Ansatz einer militärisch-maritimen Großunternehmung

und beide in der Hoffnung als Teil der Marine eines späteren deutschen Einheitsstaates, in welcher Form, Gestalt und Verfassung er auch immer gedacht sein mochte.

Die Schleswig-Holsteinische Marine war Teil und Ausdruck der landeseigenen Verteidigungsanstrengungen der Herzogtümer; unter Berücksichtigung der politischen Verhältnisse wurde das finanziell und praktisch Machbare erreicht. Die Schleswig-Holsteinische Marine hatte einen hohen technischen Standard:

- das erste deutsche U-Boot, der „Brandtaucher" des technischen Phantasten Wilhelm Bauer, war Bestandteil der Marine,
- die Verwendung von Schraubendampfschiffen zu Kriegszwecken war in damaliger Zeit eine hervorragende, in Deutschland unbekannte Neuerung,
- sie hatte mit dem „optischen Küstentelegraphen" ein eigenes Fernmeldesystem.

Innerhalb von 2 Jahren – etwa Mitte 1850 – erreichte die Schleswig-Holsteinische Marine mit

3 Raddampfern
1 Schoner
12 Kanonenbooten
1 Segelkutter
2 Schlepp- und Raddampfern
= 19 Fahrzeugen

ihre größte Stärke mit 826 Mann Personal an Bord. Zu den Landeinrichtungen zählten

- 1 Schiffswerft in Kiel
- 1 Laboratorium
- Hospitäler, Kasernen, Pulvermagazine, Küstenbatterien sowie eine Seekadettenschule zur Ausbildung des Offiziernachwuchses, deren „reglementarische, die innere Einrichtung betreffenden Bestimmungen der späteren Zeit als Anhalt bei ähnlichen Schöpfungen" dienten.

Der Streit um die dänischen Ansprüche auf das Herzogtum Schleswig in der Verbindung zum Herzogtum Holstein war in der militärischen Auseinandersetzung zugleich der Anlaß für die Gründung der Reichsflotte. Gleichsam in einem Taumel brausender nationaler Begeisterung wurde 1848/49 von der Nationalversammlung in Frankfurt/M. diese erste deutsche Flotte geschaffen; doch diese Flottengründung erfolgte nicht in der von der Bundesverfassung vorgeschrie-

benen Form für die Errichtung von Bundesinstitutionen, nämlich durch einstimmigen Plenarbeschluß der Bundesversammlung, sondern durch den Reichsverweser zwar als Rechtsnachfolger des Bundestages, aber ohne daß die Zustimmungen der einzelnen Staaten zur Marinegründung eingeholt wurden. Mit der Reichsflotte offenbarte sich ein verfassungsrechtlicher Zwiespalt in der Beziehung zu den preußischen Kriegsschiffen und der österreichischen Marine, die im übrigen nicht die schwarz-rot-goldene Flagge führten, denn Artikel III § 18 der sog. Paulskirchen-Verfassung bestimmte: „Die Seemacht ist ausschließlich Sache des Reiches. Es ist keinem Einzelstaate gestattet, Kriegsschiffe für sich zu halten." Allerdings erlosch diese am 18. Mai 1849 in Kraft getretene Reichsverfassung stillschweigend mit deren Ablösung durch die von Österreich und Preußen Ende September 1849 gebildete interimistische Bundeszentralkommission.

Wie die Reichsgründung blieb auch die Flottengründung im Sommer 1849 stecken, sie versandete im politischen Zwist. Man wollte später die schnell zusammengerafften, auf der Weser liegenden Marineteile

Die „Hamburger Flotille" auf der Elbe bei Hamburg im August 1848; v. l. n. r.: „Lübeck", „Bremen", „Deutschland", „Franklin" und „Hamburg"

- 9 Dampfer
- 3 Segelfregatten
- 27 Ruderkanonenboote

zu einer einheitlich gefügten, organisch gegliederten Marine entwickeln, doch das „Reich“ zerbrach, und so haben die Anfänge einer deutschen Flotte bis zu ihrer bald folgenden Auflösung den Charakter eines Provisoriums beibehalten.

Rudolf Brommy, der Oberbefehlshaber der „Reichsflotte“, diente „seinem Unternehmen“ mit Umsicht, Geschick und Sachverstand. Er baute als oberste Marinebehörde eine Seezeugmeisterei in Bremerhaven auf, der u. a. unterstanden

- 1 Werftplatz
- Arsenal, Magazin, Lager für Schiffszubehör, Kanonenplatz
- Kohlenvorräte
- Spital, Apotheke, Pulverturm, Laboratorium.

Die gesamtdeutsche Lage jener Tage ließ dann nur noch die Auflösung der Flotte, „dieses letzten Restes einer geträumten Einheit“, übrig. Am 2. April 1852 beschloß sie der Bundestag in Frankfurt/M., die öffentliche Versteigerung der Schiffe fand am 4. August jenes Jahres in Brake statt.

Das Jahr 1848/49 markiert ebenfalls eine Wende in der Politik des Vielvölkerstaates Österreich, der Donaumonarchie. Revolutionäre Ereignisse förderten eine stärkere Betonung des Deutschen in Verwaltung und Militär. Oberstes Ziel mußte aber die Integrität der Donaumonarchie im Herzen Europas bei politischer Bewegungsfreiheit bleiben.

In diese Prozesse wurde nach 1848 auch die österreichische Marine eingepaßt, deren deutsche Prägung z. T. mit Härte und Druck durchgeführt. Österreichische Schiffe traten im Ausland mit dem Eindruck auf, die Schutzmacht deutscher Interessen wäre Österreich. Zu sehen ist diese Verschiebung allerdings immer in Verbindung mit der Rivalität zwischen Österreich und Preußen um die Vorherrschaft in Deutschland.

Spektakulär wurde diese Politik im Marinebereich, als im dänisch-deutschen Krieg von 1864 aus dem Mittelmeer ein österreichischer Flottenverband auf den Kriegsschauplatz in die Nordsee entsandt wurde und die Vorausabteilung unter Tegetthoff bei Helgoland einen großen Erfolg verbuchen konnte.

Seine Erfolge im Marinebereich konnte Österreich im Deutschen Bund aber nicht zur Geltung bringen, nicht in politische Wirksamkeit umsetzen. Es gelang Preußen, die österreichischen Erfolge nicht nutzbar werden zu lassen und später den deutschen Aspekt in der österreichischen Marinegeschichte zu verschweigen.

Durch die Ereignisse von 1848/49 sah sich Preußen gezwungen, zum Schutze seiner Küsten in der Ostsee beizutragen und eigene maritime Streitkräfte aufzustellen, eine vorgelagerte Seeherrschaft anzustreben und damit der dänischen Herausforderung zu begegnen. Ein eigener Seemachtgedanke war bis um die Mitte des 19. Jahrhunderts in Preußen nicht vorhanden, wenn auch Fragen einer eigenen Marine diskutiert wurden und mit der Seehandlung im Ansatz erkennbar waren. Die Seehandlung, von der zunächst kaufmännische, aber auch diplomatische Funktionen wahrgenommen wurden, hatte keine militärische Rechtsqualität, im übrigen in die Tradition der preußisch-deutschen Kriegsmarine nie Eingang gefunden.

Preußen legte jedoch den Grundstein zu einer eigenen Marine, als die Abwicklungsgeschäfte der von ihm zuvor geförderten Reichsflotte noch nicht abgeschlossen waren. Symbolkraft gewann insofern die Übernahme von Schiffen aus der aufgelösten Reichsflotte („Barbarossa“ und „Eckernförde“) und der ebenfalls aufgelösten Seehandlung („Merkur“) in die junge preußische Marine.

Die eigenstaatliche Entwicklung im Marinebereich konnte aber erst nach 1852 aufgenommen werden, sie stieg dann später sprunghaft an. Mit dem Ausbau und der Modernisierung des Schiffsbestandes liefen einher die Maßnahmen im Verwaltungs-, Kommando- und Personalbereich sowie Fragen der Technik, des Schiffsbaues und der Logistik. Die Marinegliederung nahm schrittweise feste Formen an.

Sammelbecken für das seemännische Personal waren seit 1849 das Matrosen- bzw. Werftkorps (seit 1857 Matrosen- und Werftstammdivision), für die militärische Besatzung der Kriegsschiffe das alle Seesoldaten umfassende Seebataillon. Wichtigste Kommandobehörden waren die Marinestationen der Nord- und Ostsee sowie die Seekadettenschule (seit

Das Gelände der Kaiserlichen Werft Anfang der 1870er Jahre, aufgenommen von G. Renard

1866 Marineschule) als zentrales Bildungsinstitut. Im Jahre 1865 zählt die preußische Marine 85 Kriegsschiffe mit 462 Geschützen, betrug ihr Personalbestand 141 Offiziere, 1693 Unteroffiziere und Mannschaften.

Nach dem dänisch-deutschen Krieg von 1864 verlagerte sich der Schwerpunkt der preußischen Marine von Danzig nach Kiel in die damals kaum 18 000 Einwohner zählende holsteinische Universitäts- und Landstadt – sie wurde der Zentralpunkt der (preußisch-)deutschen Marine, die das Stadtbild veränderte und das Wirtschaftsleben über ein Jahrhundert trotz aller welterschütternden Ereignisse, die sich in den folgenden Jahren abspielten, wesentlich bestimmte. Am 24. März 1865 wurde Kiel an Stelle Danzigs preußischer Kriegshafen, am 24. Juni 1865 die Marinestation der Ostsee von Danzig nach Kiel verlegt, und mit jenem Tage übernahm auch Konteradmiral Jachmann als deren Chef die marine-militärische Oberleitung.

Nach dem deutsch-österreichischen Krieg von 1866 verlief die politische Entwicklung in Deutschland fortan ohne

die k. u. k. Donaumonarchie – und das galt ebenso für die künftige deutsche Marine. Der Norddeutsche Bund, der Zusammenschluß der norddeutschen Staaten unter preußischer Führung, unterhielt nach seiner Verfassung sowohl ein Heer als auch eine Bundes-Kriegsmarine. So wurde die preußische Flotte jetzt Bundeskriegsflotte, deren Schiffe ab 1. Oktober 1867 die aus den Farben Preußens (schwarz-weiß) und der Hansestädte (weiß-rot) zusammengestellte schwarz-weiß-rote Flagge führten. Der Kieler und der Jadehafen wurden Bundes-Kriegshäfen, Kiel und die Kieler Förde zum deutschen Hauptmarinestützpunkt eingerichtet und planmäßig ausgebaut. Im Juli 1867 entschied der preußische König Wilhelm I., daß das „Marine-Etablissement" (Marine-Werft und -Arsenal) auf dem Ostufer der Förde zwischen den Dörfern Ellerbek und Gaarden errichtet werden sollte.

Ein Flottengründungsplan des Bundes wurde aufgestellt, nach dem innerhalb von 10 Jahren

Einfahrt der deutschen Manöverflotte in den Kieler Hafen, Holzstich nach einer Zeichnung von Fritz Stoltenberg, 1893

10 Panzerschiffe
20 Fregatten/Korvetten
8 Avisos
22 Dampfkanonenboote
3 Transportschiffe
7 Schulschiffe

gebaut werden sollten; als der deutsch-französische Krieg ausbrach, war mit der Ausführung jenes Neubauprogrammes erst begonnen worden.

Nach der Gründung des deutschen Kaiserreiches im Jahre 1871 wurde die Bundeskriegsflotte vom Reich als „Kaiserliche Marine" übernommen; ab 1872 stand sie unter der Leitung der Kaiserlichen Admiralität. Die Marine gliederte sich in die Marinestation der Nordsee (Sitz Wilhelmshaven) bzw. der Ostsee (Sitz Kiel), die auch später beibehalten wurden, wobei die Stationschefs die Verantwortung für die Sicherheit der Liegenschaften des jeweiligen Bereichs und für die Küstenverteidigung trugen.

Mit immer neuen größer und stärker werdenden Schiffsbauten in den folgenden Jahren gewann die Kaiserliche Marine an politischer Bedeutung, mehrte sie die Seegeltung der neuen kontinentalen Großmacht. Die Rüstungskonzeption erreichte andere Ausmaße, die strategischen Ziele wurden weitergesteckt – imperialistische Tendenzen waren nicht von der Hand zu weisen, und die Marine gewann eine neue, eine andere Mentalität. Nach dem Flottengründungsplan von 1873 wurde die Marine mit dem für damalige Verhältnisse ungeheuer großen Betrag von 250 Mio. Goldmark ausgebaut. Die geistige wie materielle Seite des Problems mit ihren Ausmaßen und Folgemaßnahmen nach innen wie nach außen ist dabei wohl kaum durchdacht worden.

So wurde in den Folgejahren durch die Marinebauverwaltung eine rege Bautätigkeit – sowohl im Hafen- als im Hochbau – auch in Kiel entfaltet. Die Arbeiten an den Werftanlagen, am Bauhafen und an 4 Trockendocks wurden hier innerhalb von 10 Jahren bis 1881 im wesentlichen vollendet. 1909 wurde der große Werft-Außenhafen (heute Arsenalhafen) begonnen. Von 1879 bis 1907 – also 28 Jahre lang – leitete Marine-Hafenbaudirektor Georg Franzius die Bauarbeiten in Kiel; 1908 wurde ihm der Titel Wirklicher Geheimer Admiralitätsrat verliehen, und die Franzius-Allee in Kiel-Ellerbek ist nach ihm benannt.

Schon am 23. Januar 1868 war „allerhöchsten Orts" die Entscheidung gefallen, in Kiel eine „Königliche Werft" zu errichten, aus der später dann die „Kaiserliche Werft" hervorging. Die Marine kaufte hierfür den 1865 von der Stadt Kiel an Georg Howaldt verpachteten und von ihm eingerichteten Schiffsbauplatz in (Kiel-)Ellerbek, wo bereits 1848–52 die Schleswig-Holsteinische Marine eine kleine Werft unterhalten hatte. Die neue Marinewerft hatte eine Wasserfront von 1000 m und dehnte sich rasch aus. Von 1886 bis 1890 wurde der Torpedobootshafen angelegt, der 70 Torpedobooten Platz bot, während nach Süden das ehemalige Gelände der Germania-Werft eingegliedert und im Norden das alte Dorf Ellerbek vom Marinefiskus aufgekauft wurden. Hier wurde eine neue Werfteinfahrt gebaut, die von einer Schwebefähre überbrückt wurde, ein Wahrzeichen, das der Stadt Kiel bis 1923 erhalten blieb.

Außer zahlreichen, z. T. weitläufigen Kasernen- und Werftanlagen entstanden in jenen Jahren weitere bis heute stadtbildprägende Hochbauten in mehreren Städten Schleswig-Holsteins, so u. a. in Kiel 1883/88 die Marine-Akademie (heute Landeshaus), 1893/94 die Marine-Station der Ostsee (heute Oberfinanzdirektion), 1905/09 die evangelische Marine-Garnisonskirche (heute Petruskirche) in einer Mischung von Jugendstilformen mit romanischen und gotischen Stilelementen, in Flensburg 1907/10 die Marineschule in Mürwik in Stilformen der ostdeutschen Ordensgotik.

Auch die Befestigungswerke auf beiden Seiten der Kieler Förde wurden erweitert und verstärkt, Batterien, Forts und Panzertürme errichtet; schließlich wurde noch um 1900 ein ursprünglich für Möltenort vorgesehener Panzerturm, der zum Schutz des 1895 eröffneten Nord-Ostsee-Kanals gedacht war, in Laboe gebaut, an dessen Stelle heute das Marine-Ehrenmal steht.

Die Garnisonsstädte der Marine dehnten sich durch den Zuzug vieler Menschen und den Bau großer Wohnblocks, sog. Mietskasernen, aus, sie uferten z. T. unorganisch aus wie z. B. Kiel, dessen Einwohnerzahl in den Jahren 1873 bis 1910 von 35 000 auf 210 000 Menschen anwuchs. Die Werft- und Zuliefererindustrie, der Ausbau der Marine ließen den Bedarf an Arbeitskräften emporschnellen.

Die um die Jahrhundertwende vom Reichstag verabschiedeten Flottengesetze brachten eine enorme Aufrüstung; der letzte deutsche Marine-Friedenshaushalt 1914/15 war mit 475 786 271 Mark veranschlagt. Im August 1914 hatte das Deutsche Reich einschließlich der Reserve-Einheiten

35 Linienschiffe
13 Panzerkreuzer
5 Große Kreuzer
34 Kleine Kreuzer
140 Zerstörer bzw. Torpedoboote
47 Kleine Torpedoboote
29 Unterseeboote

und in schleswig-holsteinischen Garnisonen

Kiel: Marinestation der Ostsee, I. Marine-Inspektion, I. Matrosendivision, I. Werftdivision, Marineakademie,
I. und II. Torpedoboots-Abnahmekommission, U-Boots-Abnahmekommission, U-Boot-Abteilung, I. Torpedo-Division, Torpedo-Versuchskommission, Torpedowerkstatt (Friedrichsort), Minen-Versuchskommission,
I. Matrosenartillerie-Abteilung (Friedrichsort), Inspektion der Marine-Infanterie, I. Seebataillon, Artilleriedepot (Friedrichsort), Munitionsdepot (Dietrichsdorf),
Minendepot (Friedrichsort), Gouvernement mit Festung Friedrichsort, Kaiserliche Werft, Schiffsprüfungs-Kommission,
Küstenbezirksamt III, Marine-Bekleidungsamt, Sanitätsamt der Marine-Station der Ostsee, Sanitätsdepot, Marinelazarette Kiel, Kiel-Wik und Friedrichsort, Marine-Intendantur, Marine-Stationskassen Kiel und Kiel-Wik, Garnisonskasse Friedrichsort, Verpflegungsamt der Marinestation der Ostsee, Garnisonsverwaltungen I, II (Kiel-Wik) und Friedrichsort, Marine-Waschanstalt, Garnisonsbauämter I und II, Garnisonsbauverwaltung Friedrichsort, Chronometer-Observatorium,
außerdem im 1. Weltkrieg:
- Seewehr-Abteilung Süd (zur Bewachung fiskalischer Einrichtungen)

Zeppelinluftschiff „Viktoria Luise“ bei der Kieler Woche, um 1910

- U-Boot-Inspektion
- Bau-Division
- See-Fliegerstation Holtenau

Flensburg: Marineschule (Mürwik),
Schulschiff „Württemberg“ mit Wohnschiff „Uranus“,
Marinelazarett (Mürwik),
Garnisonskasse (Mürwik),
Garnisonsbauamt,

Helgoland: V. Matrosenartillerie-Abteilung,
Artilleriedepot.

Fast das gesamte Wirtschaftsleben Kiels war auf die Marine ausgerichtet, andere Erwerbszweige spielten eine nur untergeordnete Rolle. Schleswig-Holstein war im übrigen ein von der Landwirtschaft und im Küstenbereich von der Fischerei geprägter Landstrich.

Bei Ausbruch des 1. Weltkrieges waren die Werften noch mit der Abwicklung des Flottenbauprogramms beschäftigt.

Die Schlachtschiffe „Scharnhorst" und „Gneisenau" im Jahre 1937

Die im Hafen liegenden Verbände liefen zwar in Nord- und Ostsee aus, blieben meist aber untätig. Am 1. November 1918 kam es zu Meutereien, zum sogenannten Matrosenaufstand, der in die Revolution mündete – sie nahm in Kiel ihren Anfang und forderte hier auch ihre ersten Opfer. Nach dem 1. Weltkrieg mußte die deutsche Flotte ausgeliefert werden, die internierten Schiffe der Hochseeflotte wurden am 21. Juni 1919 in Scapa Flow von ihren Besatzungen versenkt. Der im Versailler Friedensvertrag dem Deutschen Reich zugestandenen Marine in einer Stärke von 15 000 Mann blieben 6 alte Panzerschiffe und einige kleinere Kreuzer.

Von dieser Umstellung waren in erster Linie die Marine-Städte, so auch Kiel betroffen, das eine neue wirtschaftliche Basis finden mußte, denn die Werften waren ohne Aufträge. Die Kaiserliche Werft stellte zwar 1918 ihre Tätigkeit ein, nahm als „Reichswerft" dann ihre Arbeit wieder auf und wurde 1920 Bestandteil des die „Deutsche Werke" bildenden Konzerns von 15 ehemaligen militärischen Staatsbetrieben wie auch der Torpedowerkstatt in Friedrichsort.

Stapellauf des Schweren Kreuzers „Prinz Eugen" am 22. August 1938 auf der Germania-Werft in Kiel

In der Reichsmarine, wie sie nunmehr hieß, galt es, zugleich neue organisatorische Strukturen und personellen Ausgleich zu schaffen, die operativen Planungen den politischen Gegebenheiten und Beschränkungen anzupassen, im Ausland für das Ansehen und die Wiederherstellung der Glaubwürdigkeit Deutschlands zu werben. Die Ausbildung und Schulung des Personals wurde sorgfältig betrieben, denn man sah in ihm den Grundstock für eine künftig zu entwickelnde seegehende Flotte überseeischer Bedeutung.

Mit der nationalsozialistischen Machtübernahme im Jahre 1933 wurde die Marine, die am 21. Mai 1935 in Kriegsmarine umbenannt wurde, im Zuge einer planmäßigen Aufrüstung sehr rasch ausgebaut und gewann für den Kieler Hafen wieder verstärkt an Einfluß. Das deutsch-britische Flottenabkommen von 1935 beseitigte die Bindungen des Versailler Vertrages und machte den Weg frei für eine moderne, in Art und Zahl starke Flotte, deren besonderer Schwerpunkt ab 1937 die U-Boot-Waffe war. Die operativen Planungen und Übungen wandten sich ab 1937/38 von den Defensivmaßnahmen ab und der Seekriegsführung zu, und Ende 1938 lief

der erste deutsche Flugzeugträger „Graf Zeppelin“ vom Stapel, der allerdings nie fertiggestellt und unvollendet nach Kriegsende an die Sowjetunion ausgeliefert wurde.

Die Hafenanlagen in der Kieler Förde und Eckernförder Bucht wurden umfassend ausgebaut mit Liegeplätzen, Schwimmdocks; es wurden der U-Boot-Bunker in Kiel, die TVA Eckernförde-Nord und Surendorf errichtet.

Als am 1. September 1939 der 2. Weltkrieg ausbrach, verfügte das Deutsche Reich über eine zwar hervorragend ausgebildete und geschulte, aber größtenteils unfertige, für den Kriegseinsatz ungenügend aufgestellte Marine:

2 Schlachtschiffe
3 Panzerschiffe
2 Schwere Kreuzer
6 Leichte Kreuzer
34 Zerstörer und Torpedoboote
2 Schnellbootflottillen
2 Minensuchflottillen
1 Geleitflottile
2 Räumbootflottillen
57 U-Boote (weitere 13 im Bau und 62 in Auftrag gegeben)

Es gelang der Kriegsmarine nicht, die freie Initiative des Handelns auch um jeden Preis, selbst unter Inkaufnahme größerer Opfer, zu erringen, auch wenn einige Anfangserfolge es so scheinen ließen.

Die zentrale Steuerung der Kriegswirtschaft wurde sehr bald durchgeführt, das Schwergewicht der Rüstungsproduktion vom Heer auf die Luftwaffe und Marine verlagert. Die Vielfalt und der Umfang der Forderungen an die Marine standen jedoch im krassen Gegensatz zum Schiffsbestand, wie sehr er auch immer durch Neubauten vergrößert werden sollte, und förderte die Zersplitterung der Kräfte. Ein greifbares dauerhaftes Ergebnis war trotz umfassenden, härtesten Einsatzes von Mensch und Material nicht zu erreichen. Dem Opfergang des Heeres entsprach der Untergang der Kriegsmarine, deren bedeutendstes Unternehmen zum Kriegsende die „Rettung über See“ war, die Evakuierung Kurlands, Ostpreußens, Danzigs und Pommerns mit allem noch verfügbaren Schiffsraum über die Ostsee; über 2 Millionen

Lenkwaffenzerstörer „Lütjens“ (D 185) macht am 9. Dezember 1969 an der Scheermole im Kieler Hafen fest

Menschen, Flüchtlinge und Soldaten, wurden über die Ostsee abtransportiert.

Der Ausgang des 2. Weltkrieges hatte die gleiche Situation geschaffen wie im Jahre 1918 – nur waren jetzt die Begleitumstände viel niederdrückender, viel verheerender. Die Luftkriegsschäden waren groß, die Ernährungslage äußerst schlecht, Fabriken, Werkstätten, Wohngebäude lagen in Trümmern. Was der Krieg an industriellen Einrichtungen gelassen hatte, wurde gesprengt oder bestenfalls demontiert.

Kiel hatte besonders unter den Kriegsfolgen zu leiden – 80 % des Gebäudebestandes waren zerstört oder beschädigt, Kräne und Lagerhäuser nicht mehr vorhanden, der Hafen mit Wracks aller Art „übersät"; ca. 240 gesunkene Schiffe wurden in der Kieler Förde von der Hörn bis Friedrichsort gezählt, darunter auch der am 9. April 1945 infolge von Bombentreffern gekenterte Schwere Kreuzer „Admiral Scheer", der im ehemaligen Ausrüstungsbassin der Deutschen Werke eingespült wurde, sowie der Schwere Kreuzer „Hipper" und der Kleine Kreuzer „Emden". Es galt jetzt aufzuräumen und eine neue Ordnung zu schaffen, und niemand wußte, ob Deutschland jemals wieder am Welthandel teilnehmen, jemals wieder mit Werften sich am Schiffbau auf weltweitem Niveau würde beteiligen können.

Doch es sollten nur 10 Jahre vergehen, bis es wieder eine deutsche Marine und die „blauen Jungs" gab – mit der Aufstellung der Bundeswehr im Rahmen der neuen staatlichen Ordnung der Bundesrepublik Deutschland wurde die Bundesmarine geschaffen. 1956 zogen auch die ersten Einheiten und Kommandos in die Marinestandorte in Schleswig-Holstein ein. Die meisten Schiffe existierten zunächst nur auf dem Reißbrett der Konstrukteure und Ingenieure, von Kiel aber fuhren die ersten Schiffe bereits wieder in See – schon am 26. Mai 1956 erfolgte die Aufstellung des 1. Schnellboot-Geschwaders, das zunächst in Kiel-Holtenau (Stickenhörn) stationiert wurde.

Heute bestimmen moderne Flugkörperzerstörer und -schnellboote, Fregatten mit dreidimensionaler Bewaffnung gegen See-, Luft- und Unterwasserziele das Gesicht der Bundesmarine. Rund 35 000 Offiziere, Unteroffiziere und Mannschaften tragen wieder den marineblauen Rock. Zum erstenmal in der Geschichte der Marine gehören ihr auch eigene Luftstreitkräfte an.

Das Segelschulschiff „Gorch Fock" an der Blücherbrücke

„Schönster Botschafter" der Bundesmarine, der Bundeswehr und der Bundesrepublik Deutschland ist das 1958 in Dienst gestellte Segelschulschiff „Gorch Fock"; die Bark dient in erster Linie der seemännischen Ausbildung und hat auf ihren zahlreichen Reisen in das Ausland die Herzen vieler Besucher gewonnen. „Normalerweise" liegt sie in Kiel an der Blücherbrücke, ein häufig und gern gewähltes Motiv der Spaziergänger an der Kiellinie.

Marinehistorische Stätten Kiel

Die handelspolitischen, wirtschaftlichen und kulturellen Bindungen nach Norden wurden für die Herzogtümer Holstein und Schleswig und damit auch für die bescheidene Land-, Hafen- und Universitätsstadt Kiel erst durch die gewaltsame Trennung von Dänemark als Folge des dänisch-deutschen Krieges von 1864 unterbrochen. Als „Ausgleich" und neuer Wirtschaftsfaktor trat das Militär auf, die Armee und besonders die Marine. Hand in Hand mit der Entwicklung und dem Ausbau der Flotte verlief das Anwachsen der Rüstungsindustrie in Kiel, die Auswucherung des Kieler Siedlungsgebietes infolge der emporschnellenden Bevölkerungszahl. Wie bei kaum einer anderen deutschen Stadt war das Schicksal Kiels, das in Artikel 53 der Reichsverfassung vom 16. April 1871 zum Reichskriegshafen erklärt worden war, über Jahrzehnte weitgehend abhängig von der Marine in ihrem Auf und Ab.

Vornehmlich die Jahre von der Reichsgründung bis zum 1. Weltkrieg prägten den Ruf der heutigen Landeshauptstadt als *die* Marinestadt; denn bis zum Frühjahr 1910 lag hier die gesamte Hochseeflotte vor Anker, und heute noch prägen Bauten der (Kaiserlichen) Marine das Kieler Stadtbild, wenn auch deren Nutzung vielfach einem Wandel unterworfen war. Denkmäler und Gedenkstätten, in der Folge historischer Ereignisse oder Überlieferung bis in die heutige Zeit, wenn auch aus unterschiedlicher Sicht errichtet, festigten die Tradition Kiels als Marinestadt bis in unsere Tage. In ablehnender Zuneigung erwidert heute das „offizielle" Kiel die (Ver-)Bindungen zur maritimen Geschichte und die Wechselbeziehungen zur Marine – heute ist Kiel nicht allein die Garnison, sondern die (zeitweise) Heimat von ca. 7000 Soldaten und größter deutscher Marinehafen im Ostseebereich.

Zu schnell ist aber auch vergessen, daß für das große Ansehen in aller Welt, das der Schiffbau in Kiel heute (wieder) besitzt, die Marine der Ausgangspunkt war, daß den entscheidenden Anstoß zum Bau des Nord-Ostsee-Kanals, einer der meistbefahrenen Wasserstraßen der Welt, die Marine gab, daß die „Kieler Woche", ein Begriff für

Segler in allen fünf Erdteilen, ohne die weitgehende Förderung des Segelsports durch die Marine kaum möglich, ohne die Initiative kaiserlicher Marineoffiziere wohl nicht entstanden wäre.

Erinnerungstafel Schweffel/ Howaldt/Bauer

Kiel hat eine mehr als hundertjährige Marinetradition; wenn man die Episode der Schleswig-Holsteinischen Marine von 1848/52 einbezieht, mehren sich diese Jahre sogar auf 1½ Jahrhunderte.

Die Marine gehört zum Gesamtbild der „Stadt an der Förde", was auch in den zahlreichen Besuchen fremder Kriegsschiffe zum Ausdruck kommt; insbesondere zur „Kieler Woche" tritt dieses Bild stark in Erscheinung, wenn an der Tirpitzmole in der Wik zahlreiche ausländische Einheiten neben den Schiffen der Bundesmarine festmachen.

Das Schulschiff „Deutschland", von 1960 bis 1990 die größte Einheit der Bundesmarine, und die „Gorch Fock", liebevoll als der „schönste Botschafter Deutschlands" bezeichnet, haben den Namen Kiels in alle Welt hinausgetragen: das einzige Segelschulschiff der Bundesmarine ist während seiner Ruhezeiten, wenn es in Kiel an der Blücherbrücke liegt, eine besondere, für die Stadt kostenlose Touristenattraktion und ein begehrtes Motiv vieler Berufs- und Hobbyfotografen.

Viele Bauten im Stadtbereich, heute unterschiedlich genutzt, sind steinerne Zeugen der Marine-Vergangenheit der schleswig-holsteinischen Landeshauptstadt.

Oberpostdirektion Kiel

Am Neubau des Postdienstgebäudes erinnert eine Bronzetafel an der Mauer der Terrasse zur Kaistraße in einer langen Inschrift auch an eine „Episode" der Schleswig-Holsteinischen Marine von 1848/52, die weit über die Grenzen Deutschlands hinaus Beachtung fand, in ihrer gesamten Tragweite und Bedeutung für die Marinen aber seinerzeit nicht erkannt wurde:

Am 1. Oktober 1838 eröffneten
an dieser Stelle der Kaufmann
Johann Schweffel,
geb. 28. 7. 1796 in Kiel,

Kiel um 1895 – Xylographie der Leipziger „Illustrirten Zeitung"

verstorben 14. 4. 1875 ebendort,
und der Mechanikus
August Ferdinand Howaldt,
geb. 23. 10. 1809 in Braunschweig,
verstorben 4. 8. 1883 in Kiel,
eine Maschinenbauanstalt
und Eisengiesserei, aus denen die
Kieler Howaldtswerke
hervorgingen.
Hier lief am 18. 12. 1850 der
„Brandtaucher" vom Stapel,
das erste deutsche Eisenschiff
und Unterseeboot, konstruiert
von Wilhelm Bauer aus
Dillingen an der Donau (1822–1876).
Materialeinsparungen – durch
Geldmangel bedingt – führten am 1.2.
1851 zum Untergang des Bootes.

Mit den bayerischen Bundestruppen war 1849 der junge Korporal Sebastian Wilhelm Valentin Bauer nach Schleswig-Holstein gekommen und Ende Januar 1850 in die Schleswig-Holsteinische Armee als Unteroffizier eingetreten. Bauer, ein technischer Dilettant, Autodidakt und Erfinder, begann 1850 mit Zustimmung des Schleswig-Holsteinischen Departements des Krieges mit dem Bau eines „submarinen Apparates", des ersten deutschen U-Bootes, auf der Carlshütte bei Rendsburg, ließ dann aber die „teilweise gefertigten Stücke" durch den Schleswig-Holsteinischen Kanal (Eiderkanal) nach Kiel bringen. In der Eisengießerei von Schweffel & Howaldt am Eisenbahndamm (früher Rosenwiese) wurde der „Brandtaucher" oder „Brander" durch freiwillige Beiträge der Schleswig-Holsteinischen Armee – jeder Soldat gab eine Tageslöhnung – und Spenden mehrerer Privatleute fertiggestellt. Da die Geldmittel aber nicht in dem erwarteten Umfang eingekommen waren, wurden Materialeinsparungen notwendig, die die Festigkeit des Rumpfes und Manövrierfähigkeit des Fahrzeuges beeinträchtigten.

Am 18. Dezember 1850 wurde das Tauchboot zu Wasser gelassen; Bauer schreibt darüber in seiner Selbstbiographie:

„...Ich mußte nun durch die Kesselschmiede und anderen Baulichkeiten der Fabrik in den tiefen Kanal

stecken lassen, um mit dem Apparat unter den tiefliegenden Dachbalken hinwegkommen zu können. Nachdem der Apparat das Tor der Fabrik passierte, wohin er mittelst Rollwagen auf Schienen geführt wurde, mußte er über die Eisenbahn gehoben werden, wozu 2 große Balken die Träger bildeten u. der Apparat so frei über die Eisenbahn gehoben, in die See gesetzt wurde. – Dieses fand am 18. Dez. 1850 und um 4 Uhr desselben Tages vereinigten sich die Arbeiter bereits zum Lounchbreed. Denselben Abend um 8 Uhr begab ich mich mit Herrn Ingenieure Hösch – Proviantmeister Wiedemann und mit meinen beiden Matrosen Tomfen u. Witt in den Apparat und obgleich in der Bucht ziemlich viel Treibeis war, so fuhren wir doch noch bei schönem mondhellem Licht zu den auf Pickett in See stehenden Dampfer Bonin, wobei wir um das Dampfschiff selbst herumfuhren und so die wirkliche Fortbewegungsgeschwindigkeit, Steuerbarkeit mit und ohne Observation trotz der mangelhaften Ausrüstung in bester Weise betätigen konnten. – Abends um 11 Uhr

Stapellauf des „Brandtaucher" am 18. Dezember 1850 im Kieler Hafen – Darstellung in der Leipziger „Illustrirten Zeitung", Februar 1851

Der „Brandtaucher" nach der Restaurierung im Armeemuseum in Dresden

fuhren wir wieder zurück nach Kiel und erfuhren bei unserer Ankunft sofort von verschiedenen Bürgern, daß bereits durch Spione unsere nächtliche Fahrt bemerkt und den Dänen signalisiert worden war und wie ich mich selbst überzeugen konnte, sah man, die Dänen Friedrichsort verlassen und weiter in die See hinausfahren.
Es war dies für die Patrioten ein wahrhaft erhebender Moment zu sehen, wie dieser halbfertige Apparat von einem Brandtaucher durch seine unkontrollierbare Bewegungsweise unter dem Wasser den Dänen derart Furcht einflößte, daß es die Kolosse von Schiffe schon mit seinen ersten Anfahren vertrieb..."

Die ersten Fahrversuche mit dem „Brandtaucher" gelangen trotz der mangelhaften Ausführung recht gut, doch bei dem ersten Tauchversuch im Kieler Hafen am 1. Februar 1851 ging das Boot unter; Bauer und seine beiden mitfahrenden Matrosen konnten sich jedoch retten.

Die Marine-Kommission der Schleswig-Holsteinischen Regierung, um die Angelegenheit zum Abschluß zu bringen, erklärte sich am 15. Februar 1851 bereit, „den Apparat, soweit es den Umständen nach möglich, in Empfang genommen zu haben" – ein wohl einmaliger Vorgang in der Geschichte, daß eine Marine ein Schiff im gesunkenen Zustand übernommen hat.

Wilhelm Bauer erlebte nicht mehr, was mit den Relikten seines Erfindermutes geschah; die große Anerkennung blieb ihm versagt trotz weiterer technischer Erfolge. Mißtrauisch geworden, enttäuscht und resigniert starb er 1875.

Im Juli 1887 wurde der „Brandtaucher", auf dessen Wrack man zufällig bei Baggerarbeiten im Kieler Hafen in der Nähe Ellerbeks vor der Kaiserlichen Werft gestoßen war, gehoben und für Ausstellungszwecke hergerichtet. Durch die Wirren der Zeiten gelangte das Fahrzeug 1972 schließlich in das Armeemuseum in Dresden, wo es heute zu sehen ist.

Dampfschraubenkanonenboot „v. d. Tann" im Kampf mit „Hekla" und „Valkyrien" – Ölgemälde von Lüder Arenhold aus dem Jahre 1911

Die Eisengießerei Schweffel & Howaldt war in jenen Jahren noch an einer weiteren technischen Neuerung für die Schleswig-Holsteinische Marine beteiligt gewesen. Ihr war die Herstellung der Maschine und der Kessel für das erste Dampfschrauben-Kanonenboot in Deutschland, die 1850 in Dienst gestellte „v.d.Tann“, übertragen worden, „da wir diese Fabrik für am fähigsten hielten, um das Tüchtigste zu leisten“. Schweffel & Howaldt lieferten die erste Schraubendampfmaschine für dieses Schiff, eine horizontal liegende Hochdruckmaschine, die sich weit über Deutschland hinaus bewährte und vor allem englischen Ingenieuren zum Vorbild diente. Ein Modell der „v.d. Tann“, deren Dampfmaschine bis zum Jahre 1886 im Einsatz war, ist heute im Kreismuseum des Kreises Ostholstein in Neustadt/Holst. ausgestellt.

Landeshaus

Ein stadtbildprägendes Ensemble an der Förde bildet heute noch der Komplex von Landeshaus, Finanz- und Kultusministerium.

Das 100jährige Bestehen des „Hauses an der Förde“ im Jahre 1988 markierte der Schleswig-Holsteinische Landtag mit einer Ausstellung über die Geschichte des Gebäudes „Von der Marineakademie zum Landeshaus“. Das in weiten Teilen unveränderte Äußere des Bauwerkes steht dabei in krassem Gegensatz zur inneren Zweckbestimmung, die ungleich heftigeren Entwicklungen und Umformungen unterworfen war als das Antlitz des Hauses.

In der Konvention von (Bad) Gastein vom 14. August 1865 waren Preußen die Hoheitsrechte über den Kieler Hafen zugesprochen worden, und noch im selben Jahre begannen die Maßnahmen zum Ausbau der zum preußischen Kriegshafen bestimmten holsteinischen Fördestadt. Es war nicht leicht, geeignete Plätze an der Kieler Förde für alle Marineeinrichtungen und -dienststellen zu finden.

Am 24. März 1865 lief der Chef der Marinestation der Ostsee, Konteradmiral Jachmann, mit mehreren Schiffen in die Kieler Förde und ging zunächst hinter der Friedrichsorter Enge im Schutze der von Preußen besetzten Festung Friedrichsort vor Anker. Der Stationschef hatte schon bald den Auftrag aus Berlin erhalten, im Bereich der Förde nach

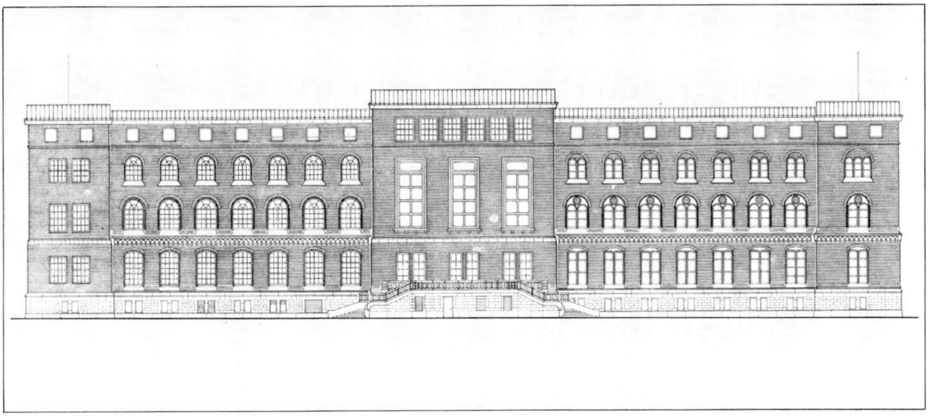

Ost- (Fördeseite) und Westansicht (Landseite) des Landeshauses

einem Gelände Ausschau zu halten, denn vor Einbruch des Winters wurden – wie es damals noch üblich war – die Kriegsschiffe außer Dienst gestellt und mit einem Holzdach wetterfest gesichert, Gerät und Material abgebaut und an Land eingelagert. Zum nächsten Frühjahr wurden die Schiffe dann jeweils wieder aufgetakelt.

Durch günstige Umstände konnte der preußische Fiskus am 23. August 1865 die Seebadeanstalt Düsternbrook mit Kur- und Logierhaus, Wohnhaus und Warmwasserbad aus privater Hand erwerben: damit war die Voraussetzung geschaffen, die Marinestation der Ostsee mit der Flottenstammdivision von Danzig nach Kiel zu verlegen. Die Liegenschaft wurde zum Marine-Depot umgewandelt, doch erhob sich die Frage über das weitere Schicksal des Geländes, als 1868 mit der Verlegung des Depots von Düsternbrook nach Ellerbek in das neue „Marine-Etablissement" begonnen wurde. Prinz Adalbert von Preußen, der als Chef des Oberkommandos der Marine mit den örtlichen Verhältnissen vertraut war, schlug am 1. November 1868 vor: „Dagegen würde ich es nicht für angemessen halten, diesen im Westen (Anm. d. Verf.: der Stadt Kiel) erlangten günstigen Platz wieder aufzugeben, sondern ich schlage vor, dort die Marineschule in einem der Gegend zur Zierde gereichenden Style zu erbauen" – und so geschah es auch, allerdings erst 20 Jahre später.

In Verbindung mit dem Umzug der Marinestation der Ostsee nach Kiel waren Überlegungen angestellt worden, das 1848 als Marineschule gegründete Seekadetten-Institut für die Offiziersausbildung gleichfalls von Berlin nach Kiel zu verlegen; in dem neuen Kriegshafen war nach Auffassung der Marineführung die günstigste Verbindung zwischen theoretischer Schulausbildung und praktischer Unterweisung an Bord gegeben. So siedelte das Institut als Marineschule 1866 von Berlin in ein neues Gebäude (1974 abgebrochen) an der Ecke Muhlius-/Waisenhofstraße in Kiel über.

Die kaiserliche Marine hatte 1871 nur ein zahlenmäßig kleines Offizierskorps; etwa 270 Offiziere aller Dienstgrade waren es, unterschiedlich nach Bildungsstand, Ausbildung, Berufsweg und Kenntnissen. Für die Ausbildung der Seeoffiziersanwärter gab es zum damaligen Zeitpunkt zwar die Marineschule, doch fehlte eine Einrichtung für die auf wissenschaftlicher Ausbildung erlangte Qualifikation der Seeoffiziere für höhere Stabs- und Kommandostellen entsprechend der Kriegsakademie des Heeres in Berlin. Es war notwendig, mit dem materiellen Ausbau der Marine auch die personelle Basis zu vergrößern und zu verbessern.

Aufgrund einer Anregung des Chefs der Admiralität v. Stosch, der Kaiser Wilhelm I. sehr bald seine Zustimmung gab, erging dann Mitte März 1872 die Anordnung, in Kiel eine Marineakademie zu gründen. Die Aufgabenstellung des neuen Institutes umriß Stosch: „Die Marineakademie zu Kiel hat die Bestimmung, dem Seeoffizier durch weitere wissenschaftliche Ausbildung die Mittel zu gewähren, sich den höheren Stellen in der Marine besonders geeignet zu machen und den Offizieren überhaupt Gelegenheit zu einer

Die Marineakademie in Kiel, um 1890

wissenschaftlichen Ausbildung in den Berufsfächern und den dazu nötigen Hilfsdisziplinen sowie zu weiterer intellektueller Bildung, Einsicht und Urteilsfähigkeit für die ihrem Berufe naheliegenden Sozial- und Naturverhältnisse darzubieten." Im Oktober 1872 nahm die Marineakademie ihre Tätigkeit im Gebäude der Marineschule auf. An der Spitze beider Einrichtungen stand von 1872 bis 1900 in Personalunion ein Direktor. In Kommando- und Disziplinarangelegenheiten unterstanden Schule und Akademie dem Chef der Marinestation der Ostsee in Kiel, in Unterrichts- und Verwaltungsdingen dagegen der Kaiserlichen Admiralität in Berlin.

Die Verbindung beider Institute in Kiel blieb bis 1910 bestehen, als die Marineschule nach Flensburg-Mürwik verlegt wurde – damit wurde eine Rivalität beider Dienststellen untereinander aufgehoben, die sich im Laufe der Jahre herausgebildet und insbesondere nach der Neuorganisation der Marine im Jahre 1899 verstärkt hatte. Schon frühzeitig war aber auch klar geworden, daß mit dem Ausbau der Marine und dem Personalzuwachs für die Marineakademie ein eige-

Die Marineakademie in Kiel, Seeseite, um 1900

nes Gebäude notwendig wäre. Der erste Vorentwurf der Marineakademie stammt aus dem Jahre 1874; von 1879 bis 1883 konkretisierten sich die Planungen und wurde der Entwurf mehrfach überarbeitet; der Geheime Rat G. F. Thaulow in Kiel, Mitglied der örtlichen Studienkommission, urteilte seinerzeit: „... die Marineakademie des deutschen Reiches muß ein majestätisches Gebäude sein, ein Gebäude wahrhaft schöner Architektur, das durch seine Form, seine äußere Gestalt sofort auf den ersten Anblick jedem imponiert und höchstes Wohlgefallen erregt. Geld genug ist ja vorhanden."

Der Neubau der Marineakademie wurde 1882 mit ca. 1,4 Mio. Mark veranschlagt. Mitte des Jahres 1883 begannen die Arbeiten, im April 1884 war das Einrammen von ca. 2000 Pfählen für das Fundament beendet, nach weiteren 4 Monaten waren die Fundamentmauern aufgeführt, zu deren Füllung ca. 14 000 cbm Erde notwendig waren. Für den Rohbau wurden mächtige Granitblöcke zur Ummantelung des Sockelmauerwerkes angefahren und ca. 5 Mio. Backsteine bzw. glasierte Ziegel verarbeitet. Im Juli 1886 hatte man mit der Dacheindeckung begonnen – die Dachfläche betrug ca. 3300 qm.

Zugleich mit dem Akademie-Gebäude war ein Wohnhaus für den Direktor und eine Umfassungsmauer, eine Backsteinmauer mit Eisengittereinsatz, für das gesamte Gebäude errichtet worden.

Großer Wert wurde auch auf die künstlerische Ausgestaltung des Bauwerkes gelegt. Es sollte im Äußeren wie im Innern repräsentativ für die Größe des Reiches und die Stärke seiner Marine sein. Die Dachfronten des Mittelteiles schmückten zur Land- und Wasserseite von dem schleswigholsteinischen Bildhauer Adolf Brütt geschaffene Zinkguß-Figuren – auf der Landseite die Siegesgöttin Victoria, auf der Wasserseite die Germania, jeweils flankiert von 2 halbhohen männlichen Seitenfiguren, die Handels- bzw. die Kriegsmarine verkörpernd.

Nachdem die Öffentlichkeit bereits Mitte 1888 Gelegenheit hatte, den Neubau zu besichtigen, erfolgte am 6. Oktober 1888 die offizielle und feierliche Eröffnung – auf der linken Seite des Haupteinganges am Düsternbrooker Weg hatte damals die Galionsgruppe der „Gefion“ Aufstellung gefunden, jenes Schiffes, das in dem Gründonnerstag-

Die Aula mit Bild Kaiser Wilhelms II. in der Uniform eines Großadmirals, um 1900

Gefecht des Jahres 1849 als dänische Fregatte vor Eckernförde im Kampf gegen zwei Küstenbatterien der Schleswig-Holsteinischen Armee die Flagge streichen mußte. Die Gruppe zeigt die nach der nordischen Mythologie aus dem Asengeschlecht stammende Göttin Gefion über den Köpfen von 4 Meergöttern – das Original steht heute im neuen Rathaus in Eckernförde, eine Kopie im Kurpark des Ostseebades als Gefion-Brunnen (S. 104).

Die Marineakademie zählte zu den größten, bedeutendsten und prächtigsten Bauwerken Kiels. Das Gebäude war sichtbarer, imposanter Ausdruck des maritimen Machtwillens des Kaiserreiches und hervorragendes Beispiel für die seinerzeit vorherrschende Autoritätsarchitektur, die Selbstbewußtsein, Bedeutung und den eigenen sowie Machtanspruch der Marine verkörperte. Zur Eröffnung des Nord-Ostsee-Kanals im Jahre 1895 wurde die Akademie elektrisch beleuchtet – die kaiserlichen Initialen, Embleme und andere Dekorationen wurden in verschiedenfarbigen über Batterien gespeiste Glühbirnen bunt gezeichnet.

Nachdem die Marineschule im Jahre 1910 nach Flensburg-Mürwik verlegt worden war, blieb die Marineakademie allein in Kiel – in dem wuchtigen, die Wasserfront des Westufers der Kieler Förde beherrschenden Bau spiegelt(e) sich ein Abschnitt deutscher Marine und ein wenig beachteter Teil Kieler Stadtgeschichte wider.

Mit Kriegsbeginn 1914 stellte die Marineakademie ihren Unterrichtsbetrieb ein und mußte 1919 im Zuge des Vertrages von Versailles aufgelöst werden. Das bestehende Gebäude wurde nunmehr Sitz des Kommandierenden Admirals der Marinestation der Ostsee, die bisher in dem Gebäude Ecke Adolfstraße/Lornsenstraße untergebracht war und nun am Düsternbrooker Weg bis 1945 blieb.

In unmittelbarer *Nähe des Landeshauses* im Bereich der Liegenschaften der Landesregierung gibt es noch weitere Gebäude mit „Marine-Herkunft“, wenn sie auch nicht so stark in das Bewußtsein der Menschen gedrungen ist.

Unmittelbar am Fördeufer – an der Kiellinie – entstand in den Jahren 1925–1928 das heutige *Dienstgebäude der Wasserschutzpolizei,* seinerzeit als Marine-Nachrichten-Versuchsanstalt für die Torpedo- und Mineninspektion errichtet. Der unzerstört gebliebene zweigeschossige Backsteinbau wird belebt durch allegorische maritime Baukeramik.

Südlich des Landeshauses parallel zum Düsternbrooker Weg gleichsam am Einfallstor zum Regierungsviertel liegt ein einfach gehaltener, dreigeschossiger Klinkerbau, das heutige *Finanz- und Kultusministerium* des Landes Schleswig-Holstein. Der Bau entstand 1938–1940 unter der Leitung des Marine-Standortbauamtes Kiel als Marineintendantur und wird in seinem offiziellen repräsentativen Charakter betont durch den über alle 3 Geschosse gehenden Portikus mit kurzem Turmhelm im Eingangsbereich. Das 1987 erschienene Buch der Landesbauverwaltung Schleswig-Holstein über „Baudenkmale" zählt das Gebäude „zu den prägnanten Beispielen der offiziellen nationalsozialistischen Architektur in Schleswig-Holstein" – der Adler über dem Haupteingang weist auf diese Herkunft hin.

Blücherbrücke

Die ca. 130 m lange und 10 m breite Blücherbrücke ist heute Heimatliegeplatz des 1958 erbauten Segelschulschiffes „Gorch Fock" der Bundesmarine, Deutschlands schönster Botschafterin, wie das Schiff anerkennend-liebevoll genannt wird. Die Weltumsegelung von 1987/88 brachte der schneeweißen Dreimastbark und ihrer 200köpfigen Besatzung überall begeisterte Aufnahme in herzlicher Gastfreundschaft – auch in Israel.

So wie heute die „Gorck Fock" ein (schwimmendes) Wahrzeichen der Landeshauptstadt ist, war der einst dort stehende Signalturm ein Wahrzeichen Kiels, für die zurückkehrenden Seeleute der erste Gruß ihrer Heimatstadt. Wie kaum ein anderes Bauwerk hatte sich der Signalturm bei den alten Marinern fest eingeprägt.

Zwischen den Kriegen in den 1920er Jahren löste der Zeitball auf dem Signalturm den „Zwölf-Uhr-Schuß" aus der Kanone auf der Arsenalmole aus, den der Volksmund „Klümpschuß" nannte – weil die Hausfrauen beim Abgeben des Schusses die Klöße zum Mittagessen in den Topf legten.

In den Jahren 1912–1914 ließ die Kaiserliche Marine den Signalturm, dessen Mastspitze eine Höhe von ca. 40 m erreichte, als Stützpunkt für eine optische Verbindung vom

Signalturm im Kieler Hafen, um 1914

Signalturm im Kieler Hafen, um 1950

Lande zu den auf Reede liegenden Kriegsschiffen errichten. Es wurden zur lautlosen Befehls- und Nachrichtenübermittlung farbige Signalflaggen oder Winkerflaggen, nach eingetretener Dunkelheit Lichtsignale nach dem Morsealphabet verwendet. Auf dem fünfgeschossigen Betonturm von quadratischem Grundriß wehte früher, sofern die Station besetzt war, die Reichskriegsflagge.

Kriegseinwirkungen und Bunkersprengungen erschütterten die Standfestigkeit des Signalturmes, dessen Vorgänger ein veraltetes Holzgebäude war. Das Wahrzeichen bekam allmählich Schlagseite, und 1954 betrug die Neigung fast 1 m, so daß der Turm im Jahre 1959 als baufällig abgerissen wurde.

Zusammen mit der Erneuerung der Brücke entstand über dem Fundament des Signalturmes ein neues zweigeschossiges Brückengebäude, und auch hier nagte inzwischen der Zahn der Zeit, zeigten sich mannigfache Schäden, so daß eine Grundinstandsetzung des Gebäudes dringend notwendig ist. In Anlehnung an die frühere Situation wird darüber nachgedacht, ob durch bauliche Ergänzungen der Standort wieder als Landmarke und Seezeichen aufgewertet werden kann.

Seesoldaten-Ehrenmal am Hindenburgufer in der Nähe der Bellevue-Brücke

Seesoldaten-Ehrenmal

In der Nähe der Bellevue-Brücke am Hindenburgufer steht das Seesoldaten-Ehrenmal, das 1927–1931 von Hermann Suhr und Alwin Blaue zum Gedenken an die 6000 gefallenen Seesoldaten (Marine-Infanteristen) von 1914/18 geschaffen wurde. Vor einer aus Feldsteinen aufgemauerten Bastion erhebt sich die mächtige aus Granitquadern aufgebaute Stele mit den stilisierenden Reliefs stürmender Soldaten.

Eine eingemauerte Platte in Form einer Achselklappe mit Kaiserkrone und darunter zwei gekreuzten Ankern, dem Abzeichen der Marine-Infanterie der Kaiserzeit, sowie die Inschrift

6000 Seesoldaten gaben ihr Leben für Euch
1914 – 1918

weisen auf Leben und Sterben, auf das Opfer hin, das diese Menschen einst brachten.

Eingemauerte Platte in Form einer Achselklappe

Zwei weitere Inschriften „ergänzen“ das Seesoldaten-Denkmal:

1852 – 1914
starben auf See und in Übersee
300 Seesoldaten
für Deutschland

und

1939 – 1945
Zum Gedenken
der Gefallenen, Vermißten und in Gefangenschaft
verstorbenen Soldaten
d. 1. Marinestoßtrupp-Komp.
d. Marinestoßtrupp-Abt.
M.A.A. 531 (von Diest)
und aller im Landkampf eingesetzten Einheiten
der Kriegsmarine

Marinearsenal und der schlafende Riese „Admiral Scheer“

Nach der Übernahme Schleswig-Holsteins durch Preußen aufgrund des Prager Friedens im Jahre 1866 wurden auch die für die Gründung einer Flotte notwendigen Werftanlagen in Kiel geplant. Neigte man zuerst wegen der Nähe zur offenen See zu einem Gelände bei Voßbrook zwischen Holtenau und Friedrichsort, so entschied man sich bald für den gegen feindliche Angriffe und Hochwasser besser geschützten Platz am Ellerbeker Ufer auf der Ostseite der Innenförde, da eine Eisenbahnverbindung dorthin leicht herzustellen und die Entfernung von der Stadt für das Personal nur gering war – man meinte, der Bau neuer größerer Wohngebiete würde nicht erforderlich werden; die großen, weitläufigen Anlagen der späteren Jahre konnte man damals noch nicht einmal ahnen.

Am 23. Mai 1867 erging die Entscheidung König Wilhelms I., „unverzüglich ein Project für eine Werftanlage bei Ellerbek Allerhöchsten Ortes vorzulegen“, und die Kabinettsorder vom Juli des Jahres bestimmte den Platz dann für

Kaiserliche Werft (heute Marinearsenal) in Kiel, Ausrüstungshafen mit Mole am Ellerbeker Strand, um 1910

alle Einrichtungen im Bereich von Ausrüstung, Konstruktion und Reparatur. Nach dem Erwerb des Geländes begannen am 23. März 1868 die Vorarbeiten zum Bau der Anlagen und Docks; im ersten Abschnitt wurden 2 überdachte Hellinge, ein Trockendock sowie ein 31 m hoher schwimmender Kran erstellt.

Es zeigte sich sehr rasch, daß mit dem Ausbau der Flotte weitere Anlagen und größere Flächen notwendig wurden. Schon Ende März 1868 wurde die von Georg Howaldt in Ellerbek auf dem „Marineplatz“, der Stätte der Werft der Schleswig-Holsteinischen Marine von 1848/52, gegründete kleine Schiffswerft mit 17 ha Baufläche und ca. 1000 m Wasserfront, weiteres Gelände 1869 von 16 ha und 1874 von 37 ha des alten Fischerdorfes Ellerbek erworben. Die Marinewerft, die nach der Reichsgründung von 1871 den Namen „Kaiserliche Werft“ erhielt, reichte damit vom heutigen Klausdorfer Weg bis zum Hochhaus (Rentnerwohnheim) an der Werftstraße.

Die schwere Ostsee-Sturmflut vom 13. November 1872 überschwemmte auch das gesamte Werftgelände, doch konnte das erste 1871 in Auftrag gegebene, 96,6 m lange Panzerschiff trotz der durch das Hochwasser auf dem Gelände angerichteten Schäden zeitgerecht am 20. September 1874 unter dem Namen „Friedrich der Große“ vom Stapel laufen.

Der Ausbau der Werftanlagen schritt in den folgenden Jahren bis 1890 rasch voran; es wurden weitere Hellinge, Trockendocks, Hafenbecken, Molen errichtet, in einem 2. Erweiterungsabschnitt von 1897–1903 zwei weitere Trokkendocks von 175 m Länge und 32 m Breite, so daß auch große Schiffe aufgenommen werden konnten.

Nach dem großen Brand auf der alten Germania-Werft im April 1899 wurde deren Gelände zur Erweiterung der Kaiserlichen Werft nach Süden hinzugekauft, so daß die Werft um 1900 eine Fläche von 100 ha, davon 75 000 m^2 überdacht, hatte. Im Rahmen der Tirpitzschen Flottenbaupläne wurde um die Jahrhundertwende dennoch eine beträchtliche Erweiterung der Anlagen notwendig und 1904 der Ellerbeker Strand, der mit seinen Fischerhäusern vor der Nordmauer der Werft lag, bis zur Schwentinemündung übernommen – die letzten Reste des alten Fischerdorfes Ellerbek verschwanden, für die Fischer wurden in Wellingdorf neue Ansiedlungen und ein Hafen gebaut.

Zur Verbindung der (neuen) Nordwerft, wo sich hauptsächlich die Gebäude für Ausrüstung und (Schiffs-)Artillerie befanden, mit der (alten) Südwerft wurde über der Werfteinfahrt eine hohe Schwebefähre errichtet, die bis zu ihrem Abbruch im Februar 1923 ein Wahrzeichen des Kieler Hafens war. Aufgabe der Kaiserlichen Werft waren der Neubau, die Instandsetzung, Aus- und Abrüstung der Schiffe der Kaiserlichen Marine. Mitte 1914 umfaßte der Personalbestand der Werft 37 Offiziere, 1270 Beamte und 9200 Arbeiter, er erhöhte sich im 1. Weltkrieg bis auf 20 000 Mann.

Die Niederlage des Deutschen Reiches am Ende des 1. Weltkrieges bedeutete auch das Ende der Kaiserlichen Werft, denn nach den Bestimmungen des Versailler Vertrages war eine Weiterführung des Betriebes für militärische Zwecke ausgeschlossen. Der gemeinsame Erlaß von Reichskanzler, -wehr- und -schatzminister vom 31. August 1919 bestimmte u. a. „... Ein Teil dieser Werft (Nordwerft) wird für Zwecke eines Marinearsenals abgezweigt.“ Bis zum

Schwebefähre im Kieler Hafen über der Einfahrt zur Kaiserlichen Werft, um 1910

Jahre 1935 wurde der Betrieb nun mit der Zweckbestimmung fortgeführt, der Reichsmarine ihre Kriegsschiffe einsatzfähig zu erhalten. Mit dem Ausbau der Kriegsmarine gingen jedoch auch der Schiffs- und Großmotorenbau auf das Arsenal über, am Südufer der Schwentine wurde die 1893 dort gegründete Schiffswerft Stocks & Kolbe hierfür übernommen.

In den Jahren des 2. Weltkrieges waren die Anlagen der Schiffsindustrie in Kiel eines der bevorzugten Ziele für Bombenangriffe; in 90 Luftangriffen wurden über Kiel ca. 44 000 Spreng-, 930 Minen-, 500 000 Brand- und 1000 Flammenstrahlbomben abgeworfen. So wurden in den Jahren ab 1942 bis Kriegsende 1945 auch die Kieler Werften und das Arsenal schwer getroffen. Was dann noch erhalten war, mußte nach der Kapitulation auf Anordnung der alliierten Besatzungsmächte demontiert, gesprengt, vernichtet werden.

Bei dem 606. Luftangriff am 9. April 1945 von 21.33 Uhr bis 23.08 Uhr war das am 1. April 1933 vom Stapel gelaufene *Panzerschiff „Admiral Scheer“* durch 5 Bomben, die unmittelbar neben dem im Arsenal liegenden Schiff einschlugen, zum Kentern gebracht worden. Das im Dock nun auf dem Rücken liegende Schiff konnte nicht mehr gehoben werden, sondern wurde zur Sprengung vorbereitet, damit dem Feind nicht die im Wrack befindlichen geheimen Geräte und Anlagen in die Hände fallen sollten – der Befehl zur Sprengung erfolgte jedoch nicht mehr.

Nach Kriegsende wurde auf Anordnung der Besatzungsmacht das Schiff teilweise gedreht und alles, was über der Wasseroberfläche lag, durch Schweißerkolonnen abgewrackt, die Edelmetalle, die Maschinen und Schiffsschrauben geborgen und nach Großbritannien verfrachtet. Schließlich wurden Teile von Bug und Heck abgesprengt und an Land zerlegt, bis 1950 nur noch ein – wenn auch beachtlicher – Torso übrig war.

Das Becken wurde dann Anfang der 1950er Jahre mit Trümmerschutt aufgefüllt und Seesand zugeschüttet – damit wurde das Grab der „Admiral Scheer" geschlossen, neben der ein ebenfalls versenkter deutscher Frachter liegt.

Das Ende des „schlafenden Riesen", heute im Arsenalgelände durch einen Parkplatz und Verkehrswege abgedeckt, führte in der Vergangenheit immer wieder zu Spekulationen über den Umfang und Teile des zugeschütteten Wracks, da Fotos und Unterlagen über Abbau und Verschrottung kaum vorhanden sind. Alle Vermutungen vom „Sarg für untergegangene Seeleute" bis zum „Munitionslager" erwiesen sich jedoch als nicht stichhaltig. Auch andere große Bau- und Ausrüstungsbecken im Bereich des Arsenals und der benachbarten Howaldtswerke–Deutsche Werke (HDW) wurden mit Trümmerschutt und Seesand aufgefüllt und eingeebnet.

Als nach dem Beitritt der Bundesrepublik Deutschland zur Nato im Mai 1955 wieder eine Marine aufgestellt wurde, richtete das Bundesministerium der Verteidigung im April 1956 auch ein Marinearsenal als militärische Dienststelle ein. Die Unterbringung erfolgte wegen des durch Sprengungen und Demontage verwüsteten alten Arsenalgeländes zunächst auf dem Westufer in Kiel-Wik. Dieses Marinearsenal (alt) wurde am 30. April 1957 aufgelöst unter Übertragung seiner Aufgaben an das zum 1. Mai 1957 errichtete Marinearsenal (neu), für das von jenem Jahr an die bestehenden Gebäude auf dem alten Ostufer-Gelände instandgesetzt oder neue errichtet wurden; auch die Arsenalmole, die auf Anordnung der britischen Besatzungsmacht bis auf Höhe des Wasserspiegels abgetragen worden war, wurde als Schutz für Liegeplätze und Kaje wiederaufgebaut. Mitte der 1970er Jahre war der Aufbau des Arsenals entsprechend den Forderungen der Bundesmarine abgeschlossen.

Das Marinearsenal verfügt heute über Einrichtungen, Werkstätten und Prüffelder mit modernsten Maschinen und Geräten, unter denen das große runde, 1982 in Dienst gestellte Druckdock für U-Boote immer wieder auffällt. Es können damit Druckverhältnisse großer Meerestiefen simuliert und U-Boote unter entsprechenden Verhältnissen überprüft werden, ohne daß weite Fahrten erforderlich sind.

Garnisonkirchen

Mit dem Ausbau des Reichskriegshafens wuchs die Gesamtbevölkerung der Stadt Kiel, und die Militärseelsorge wurde damit ebenso vor neue Aufgaben gestellt – eine eigene Garnisonkirche hatte die kleine Stadt bisher nicht gehabt, als solche diente vielmehr die Heiligen-Geist-Kirche (Kirche des ehemaligen Franziskaner-Klosters) in der Nähe des (Alten) Marktes. Im Herbst 1874 wurde dann auf dem Kasernengelände in der Brunswik ein provisorischer Kirchenraum eingerichtet, und zur gleichen Zeit setzten die ersten Überlegungen für eine eigene Garnisonkirche ein. Auch die katholische Gemeinde wuchs; von den 46 000 Einwohnern Kiels im Jahre 1880 waren 1620 (1842 = 60, 1864 = 200) katholischen Glaubens, außerdem 461 in Gaarden und 254 in Friedrichsort.

Auf dem Grundstück am Niemannsweg, das aus dem Grundstückstausch mit dem früheren Depotgelände in Düsternbrook herrührte, wurde dann nach dreijähriger Bauzeit am 8. Oktober 1882 die *Paulus-Kirche* als erste Garnisonkirche geweiht; sie war eine Simultankirche für evangelische und katholische Gottesdienste und Amtshandlungen. Die evangelische Marine-Gemeinde umfaßte damals ca. 8600 Mitglieder, die katholische ca. 1200 Gläubige.

Der schlanke Bau aus roten Backsteinen im gotischen Stil mit seinem hochaufragenden Turm blieb bis 1925 evangelische Garnisonkirche und bewahrt im Innern noch zahlreiche

Pauluskirche am Niemannsweg mit Denkmal für Herzog Friedrich Wilhelm zu Mecklenburg

Überlieferungen aus der Zeit als Kirche der Marinegarnison. Kanzel, Altar und Taufstein sind aus rotem, grünem und weißem Marmor, den damals das gerade in der Ägäis befindliche Übungsgeschwader unter Konteradmiral Batsch von der Insel Paros und aus Syrakus mitbrachte, da auf Anordnung des Marineministers Admiral v. Stosch die Baukosten niedrig gehalten werden sollten.

Vor dem Kirchengebäude steht der große *Gedenkstein für Herzog Friedrich Wilhelm zu Mecklenburg,* der als Kommandant des Torpedobootes S26 am 22. September 1897 mit 7 Mann Besatzung bei den Herbstmanövern im Sturm in der Elbmündung unterging. Der ca. 4 m hohe Obelisk aus poliertem Granit zeigt auf der Vorderseite das Rundrelief des Herzogs und die Inschrift

Gedenkstein für Herzog Friedrich Wilhelm zu Mecklenburg

Friedrich Wilhelm
Herzog zu Mecklenburg
der heldenmüthige Kommandant S.M. Torpedobootes S 26
fand mit sieben Braven seiner Besatzung
am 22. September 1899
beim Untergang des Bootes in der Elbmündung
den Seemannstod.

Auf der Rückseite

Ihrem unvergeßlichen Kameraden
Friedrich Wilhelm Herzog zu Mecklenburg
Die Seeoffiziere

Die Bronzeplakette war im 2. Weltkrieg abmontiert und eingeschmolzen worden, der Obelisk schwer beschädigt. Das Denkmal wurde 1957 in seiner ursprünglichen Form instandgesetzt.

Der Kirchenbesuch in der Marinegarnison war im Kaiserreich – vielleicht manchmal etwas unfreiwillig, so aber doch – recht rege und ließ die Garnisonkirche durch die Verstärkung des Mannschaftsbestandes bald als zu klein erscheinen. Im Jahre 1904 berichtete der evangelische Stationspfarrer Rogge an seine vorgesetzte Dienststelle sogar über eine „Kirchennot in Kiel". Als dann der Chef der Marinestation der Ostsee, Admiral Prinz Heinrich von Preußen, der Bruder Kaiser Wilhelms II., von den Unzulänglichkeiten und

Petrus-Kirche in Kiel-Wik

Innenraum der Petrus-Kirche in Kiel-Wik, 1969

wiederholten Klagen erfuhr, wurden für die beiden Marine-Gemeinden je eine eigene neue Kirche erbaut, in der Wik die evangelische *Petrus-Kirche,* in der Feldstraße die katholische *St.-Heinrich-Kirche.*

Die in eigenwilligen Formen romanische und spätgotische Elemente wie auch Jugendstilformen einbeziehende ca. 1200 Plätze bietende *Petrus-Kirche,* eingeweiht am 18. Dezember 1907, bildet mit dem anschließenden zweigeschossigen Gemeindehaus (ehem. Pastorat) und den (ehemaligen) Kasernenanlagen eine malerische Gebäudegruppe. „Angelehnt an ein vergleichsweise banales Kasernenquartier, umschlossen vom parkartigen Krankenhauskomplex St. Ansgar und die 1912–15 errichteten neuen Kasernen im

Rücken, erhebt sich, mauernumschlossen, eine überaus geschickt gruppierte, bis dahin unbekannt materialhomogene Backstein-Formation."

„Die (1905–09) von den Karlsruher Architekten Robert Curjel und Karl Moser erbaute ehemalige Marine-Garnisonkirche ist der erste jüngere Bau in Schleswig-Holstein, der mit der Wirkung großer geschlossener Baumassen rechnet. Dies wird unterstützt durch die ausschließliche Verwendung von Backsteinen – erstmals wieder im Klosterformat – als Baumaterial." Es war ausdrücklich festgelegt worden, das aufgehende Mauerwerk im „alten Klosterformat" und im „Charakter der alten norddeutschen Backsteinbauten" aufzuführen. Das hier verwendete Großziegelformat ist später in Schleswig-Holstein kaum mehr eingesetzt worden.

„Über eine offene Vorhalle vor dem mächtigen Turm ist die Kirche untrennbar mit Flügelbauten profanen Charakters verbunden. Durch Drehung der Kirchenfront nach Süden – abweichend von der traditionellen Ost-West-Richtung – wurde eine städtebaulich bedeutende Platzlösung geschaffen." Die Abkehr von der theologisch begründeten Ost-West-Richtung führte im übrigen zu einem gutachterlichen Streit zwischen kirchlichen Stellen und Marine-Behörden, wobei die städtebaulichen Gründe den Vorrang erhielten. Die Anlage wurde um 90° gedreht und erlangte damit die freie, maritime Fernwirkung mit der breiten Schauseite des Turmes.

„Das Innere der geräumigen langrechteckigen Saalkirche wird beherrscht von dem mächtigen offenen Dachstuhl in Bohlenkonstruktion, der auf eingezogenen Wandpfeilern tief ansetzt." Die Tiefen- und Höhenwirkung des Innenraumes wird insbesondere erreicht durch die kühn gestaltete, über 18 m freitragende Decke im kraftvollen Holzwerk, so daß nichts Einengendes, kein architektonisches Beiwerk den Blick verstellt.

In einem Seiteneingang steht das Denkmal der Torpedokameradschaft nach einem Entwurf von Marinebaurat Kelm, ausgeführt von der Kieler Kunstkeramik. Es zeigt einen schreitenden Löwen auf einem Sockel, der auf einer Inschriftentafel die Verluste der Torpedowaffe im 1. Weltkrieg aufführt:

1328 Offiziere, Decksoffiziere, Unteroffiziere
und Mannschaften
103 Torpedoboote

Rechts am Haupteingang ist die Bronzetafel für die Gefallenen des Ingenieuroffizierkorps, links die für 718 Decksoffiziere der Kaiserlichen Marine im 1. Weltkrieg angebracht.

Am 8. Juli 1907 erfolgte dann die Grundsteinlegung für die neue katholische Garnisonkirche in der Feldstraße durch den Stationschef Admiral von Prittwitz und Gaffron auf dem in der Mitte zwischen den Kasernenanlagen in der Brunswik und in der Wik gelegenen Grundstück, am 31. März 1909 die Einweihung durch den katholischen Marinepropst, Bischof Dr. Vollmar. Als Kirchenpatron war der im Jahre 1146 heilig gesprochene letzte Sachsenkaiser Heinrich II. gewählt worden, doch war die Namensgebung zugleich Ausdruck des Dankes für die Bemühungen des Prinzen Heinrich um den Bau der Kirche. Bei dem Bombenangriff am 24. Juli 1944 wurde die *St.-Heinrich-Kirche* zu 40 %, das angrenzende Marine-Pfarrhaus zu 80 % zerstört, doch beschloß die Gemeinde schon 1947 den Wiederaufbau der Ruine als Gotteshaus, der 1948 begann.

Am Westeingang des Gotteshauses erinnert eine marmorne Gedenktafel an den am 8. Dezember 1914 in der Seeschlacht bei den Falkland-Inseln mit seinem Geschwader untergegangenen „Sieger von Coronel“, Vizeadmiral Maximilian Graf v. Spee, und an seine beiden ebenfalls in jener Schlacht gefallenen Söhne Otto und Heinrich. Das Relief in der Mitte zeigt die schwebende Gestalt der Siegesgöttin über einer Trauergruppe von 4 Männern, die an den Ecken ein Leichentuch halten, darüber ein giebelartiger Aufsatz mit dem Eisernen Kreuz, darunter ein Reliefporträt des Grafen Spee mit Inschrift. Die 1916 angefertigte und 1961 restaurierte Tafel ist ein Werk des bekannten schleswig-holsteinischen Bildhauers Adolf Brütt.

Am Westring liegt der *Nordfriedhof*, der ehemalige Garnisonfriedhof, mit großen gärtnerischen Anlagen – er ist der traditionelle Marinefriedhof Kiels, mit seinen zahlreichen Gräbern und Denkmälern zugleich selbst ein Stück deutscher Marinegeschichte.

Die Kosten für die Beerdigung von Angehörigen der „Militärpersonen niedrigen Grades“ waren in Kiel so hoch,

Nordfriedhof, Denkmal für die Toten des Segelschulschiffes „Niobe“

daß im September 1869 angeordnet wurde, einen *Militär-Kirchhof* anzulegen. Der Anlage des Friedhofes gingen viele Erörterungen voraus. Ein gewichtiges Wort hatte hierbei auch der Garnisonsarzt mitzusprechen; denn er verlangte, der Friedhof müßte so weit vom Marinelazarett in der Brunswik entfernt sein, daß der Kranke vom Fenster seines Zimmers nicht die Kreuze des Kirchhofes sehen könnte. Aus den vielen Grundstücksangeboten wählte man das des Großkätners Steen aus, der von seinem zwischen Kiel und Projensdorf liegenden „Kieler Hof“ ein entsprechend großes Gelände unmittelbar hinter den Marine-Schießständen anbot. Auf diesem Grundstück, wo 1875 die erste Beerdigung stattfand, wurden 1877 eine Kapelle und Leichenhalle sowie ein Wohnhaus für den Totengräber errichtet. Die erste „offizielle“ Beisetzung fand am 9. Mai 1878 statt. In den folgenden Jahren wurde der Friedhof mehrfach erweitert und dann 1961 von der Landeshauptstadt Kiel als Nordfriedhof übernommen. Viele Ehrengräber wie auch die der Kriegstoten des 1. und 2. Weltkrieges sind dort zu finden.

Das Denkmal für die 69 beim Untergang des Segelschulschiffes „Niobe“ am 26. Juli 1932 verunglückten Soldaten (S. 101) trägt die Inschrift „Nicht klagen – wieder wagen“. Der Stockanker des Schiffes liegt auf einem Granitblock, es ist das Denkmal für die Toten des 1. Weltkrieges mit der Inschrift: „Wir Toten fordern als unser Recht die alte Treue vom neuen Geschlecht." Das monumentalste Denkmal ist eine über 3 m hohe Reliefstele für die Besatzung des Panzerkreuzers SMS „Blücher", der am 24. Januar 1915 auf der Doggerbank gesunken ist.

Man liest beim Rundgang über den Friedhof die Namen vieler U-Boote, deren Besatzungen hier beigesetzt wurden oder derer hier gedacht wird, und die bekannter Schlachtschiffe wie z. B. „Schleswig-Holstein", „Gneisenau" und „Lützow". Viele Marineangehörige haben hier ihre letzte Ruhestätte gefunden, darunter die bekannten Seeoffiziere

Generaladmiral Rolf Carls

01. 01. 1937 – 31. 10. 1938	Flottenchef
01. 11. 1938 – 20. 09. 1940	Kommandierender Admiral der Marine-Station der Ostsee

Admiral Gottfried Hansen

01. 10. 1928 – 30. 09. 1932	Chef der Marine-Station der Ostsee

Gründer und Ehrenvorsitzender des Verbandes deutscher Soldaten

Großadmiral Hans v. Koester

seit 29. April 1914	Ehrenbürger der Stadt Kiel
4. 10. 1896 – 21. 9. 1903	Chef der Marine-Station der Ostsee

bekannt geworden als „Exerziermeister der Flotte" wegen seiner Verdienste um die manövermäßige Schulung der Flotte

Generaladmiral Wilhelm Marschall

26. 9. 1931 – 24. 9. 1934	Chef des Stabes der Marine-Station der Ostsee
21. 10. 1939 – 07. 07. 1940	Flottenchef

Großadmiral Erich Raeder

Febr. 1925 – Sept. 1928	Chef der Marine-Station der Ostsee
Okt. 1928 – Jan. 1943	Chef der Marineleitung/ Oberbefehlshaber der Kriegsmarine
Jan. 1943 – Mai 1945	Admiralinspekteur der Kriegsmarine

Nordfriedhof, Gedenkstein für die Toten des Panzerkreuzers SMS „Prinz Adalbert"

„WIK“

Auch wer sonst wenig von oder über Kiel weiß, dem ist zumindest bekannt, daß von hier aus 1918 die deutsche Revolution ihren Anfang nahm, ein in ihrem Ursprung spontanes und keineswegs langfristig vorbereitetes bzw. eingeleitetes Ereignis. Doch als dann in den revolutionären Wirren in Berlin am 9. November 1918 Scheidemann in Berlin die Republik ausrief, lag Kiel bereits schon wieder am äußersten Rand der großen Ereignisse, so rasant hatte sich der einen starken politischen Charakter tragende Aufstand der Kieler Arbeiter und Matrosen vom 3. November 1918 entwickelt, der zum Zusammenbruch einer Welt beitrug. Der Wandel vom Kaiserreich zur Republik wurde in Kiel eingeleitet und hier am 7. November 1918 mit der Ablösung von Admiral Souchon als Gouverneur des Reichskriegshafens durch Gustav Noske, den späteren Reichswehrminister, vollzogen.

Als im November 1978 auch Kiel jener Ereignisse vor seinerzeit 60 Jahren gedachte, wurde ein Wettbewerb zur „Erlangung eines künstlerischen Zeichens zur Erinnerung an die Ereignisse im November 1918“ ausgeschrieben. Verwirklicht wurde 1978–1982 der Vorschlag von Hans-Jürgen Brenste mit dem Titel „WIK“. Es sind „drei übergroße Metallhalterungen, die drei sieben Meter lange und ein Meter starke Granitsäulen tragen. Die Metallhalterungen erinnern an Transmissionsblöcke oder auch an Halterungen von Antriebswellen, während die drei aus den Verankerungen gehobenen Säulen Assoziationen an die machtlos und überflüssig gewordenen staatstragenden Säulen der Macht aufkommen lassen sollen.“

Das Erinnerungszeichen aus Granit und Stahl in seiner eigenwilligen Gestaltung und schwer zu entschlüsselnden Symbolik hat ein ungeteiltes positives Urteil in der Kieler Bevölkerung nicht gefunden. Der Künstler beschreibt bzw. deutet sein Werk: „Ich habe eine enge Beziehung zur damaligen Geschichte. Dieses Objekt ist für den gedacht, der allein hierher kommt und sich vielleicht mit der Geschichte Kiels auseinandersetzen möchte. Die Granitsäulen verstehe ich als Symbol der Macht – sie ist aus ihrer Funktion genommen. Die Metallkörper scheinen zu versinken – sie stehen für die Auflösung, das Ende eines Staatsgefüges.“

Denkzeichen „WIK“

An dem bei der Stahlbaufirma Ernst Hugo, Hannover-Langenhagen, gefertigten Zeichen lesen wir auf einer kleinen Metalltafel:

> „DER die Pfade bereitet,
> stirbt an der Schwelle,
> doch es neigt sich vor ihm
> in Ehrfurcht der Tod.
> Ernst Toller
> (zu: Feuer aus den Kesseln)“

– eine Verbindung zu dem dasselbe Thema der November-Revolution in anderer künstlerischer Form verarbeitenden Schauspiel.

Weitere Bauten und Denkmäler im Stadtbild der Landeshauptstadt erinnern an ihre Marine-Vergangenheit, wenn diese Anlagen und Stätten auch nicht immer in dieser Verbindung gesehen werden. Es sind die *Oberfinanzdirektion Kiel,* Ecke Lornsen-/Adolfstraße (1893/94 als Marinestation der Ostsee errichtet), und die *Kasernen-Anlagen in Kiel-Wik,* die von 1902–1904 mit dem Marine-Lazarett (heute

Anschar-Krankenhaus) errichtet wurden, als die um die Jahrhundertwende vom Reichstag verabschiedeten Flottengesetze eine beträchtliche Verstärkung des Mannschaftsbestandes und damit die Schaffung weiterer Unterkünfte bewirkten. Am 1. April 1904 zogen in die neuen Kasernen die Soldaten der bisher in Kiel-Gaarden stationierten Werftdivision und die der Torpedo-Inspektion ein, das Marine-Lazarett wurde ab 1905 belegt.

Aus baulicher und baudenkmalpflegerischer Sicht sind von den Bauten „in der Wik" zu erwähnen die *Technische Marineschule,* Arkonastraße 1 (1913 von Regierungsbaumeister Fleinert und Regierungsbaurat Kelm als Ausbildungsstätte für Ingenieure und Decksoffiziere errichtet), sowie die *Bundeswehrfachschule Kiel,* Herthastraße 7 (1935 als Marinefachschule aus dunklem Backstein in dreigeschossiger Bauweise mit Schmuckwerk aus Terrakotta der Kieler Kunstkeramik errichtet).

(Alt-)Friedrichsort

Auf der Grenze zwischen Innen- und Außenförde, dort, wo die Wasserfahrt bis auf weniger als 1000 m eingeengt wird, liegt (Alt-)Friedrichsort, die einzige weitgehend erhaltene deutsche Seefestung. Die Keimzelle des heutigen Kieler Stadtbereichs stammt zwar aus dem 17. Jahrhundert, umfassende Bedeutung gewann Friedrichsort allerdings erst in wilhelminischer Zeit gleichsam als Mittelpunkt einer Anzahl von Verteidigungsanlagen zu beiden Seiten der Kieler Förde.

Zwischen 1632 und 1637 ließ König Christian IV. von Dänemark an der engsten Stelle der Kieler Förde durch den Ingenieur Axel Urop eine Seefeste anlegen und gab ihr den Namen Christianspries; der Ort war gut geeignet, den Schiffsverkehr von und nach Kiel an dieser Stelle der Förde zu kontrollieren. Zwar ließ König Friedrich III. von Dänemark, der Nachfolger Christians IV., die Feste, die 1643 für 2 Jahre in die Hände der Schweden gefallen war, im Jahre 1648 schleifen (nur die Wälle zur Seeseite blieben erhalten), doch wurde sie 1663 in nun erweiterter Form durch Generalmajor Henrik Riise als Friedrichsort wiederaufgebaut; die etwa 120 m im Geviert messende Anlage mit 5 Bastionen

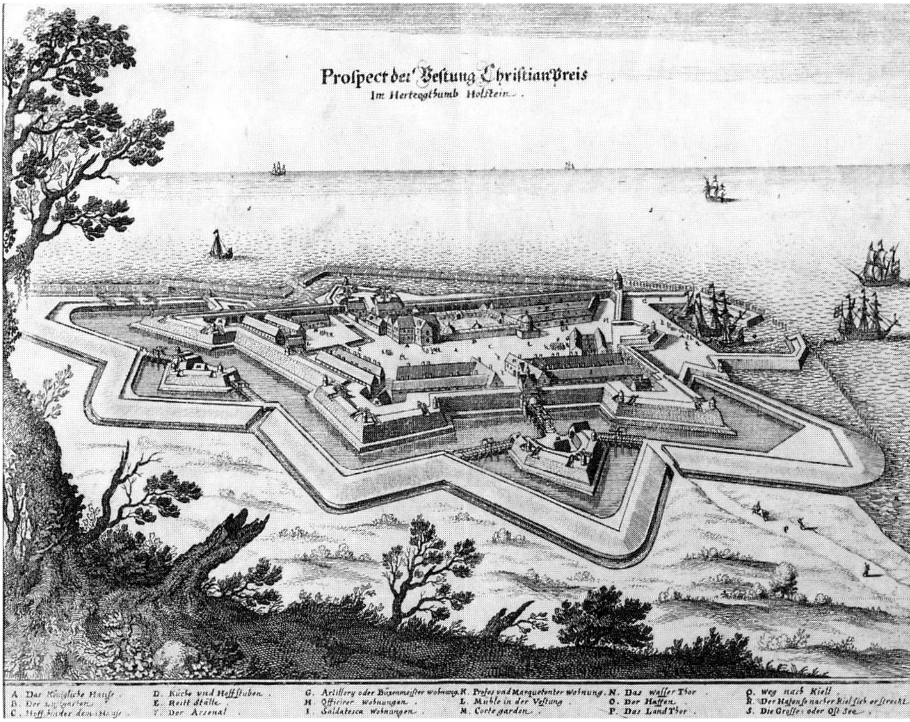

Kupferstich der Festung Christianspries aus Matthäus Merians Topographie, 1653

(König, Königin, Kronprinz, Kronprinzeß, Georg), Wällen und wassergefüllten Gräben ist heute noch deutlich im Gelände zu erkennen, auch wenn sie vielleicht ein etwas verträumtes Dasein führt.

Über die Gebäude im Festungshof um die Mitte des 18. Jahrhunderts geben Nachrichten und Zeichnungen aus dieser Zeit Auskunft. Neben einem Kommandantengebäude, einer Torbaracke für den Garnisonprediger, den Kantor, den Artillerie-Offizier und den Kasinowirt gab es ein Zeughaus, ein Gebäude mit der Küche des Kommandanten, Pferdestall und Kirchenraum, außerdem ein Back- und Brauhaus, ein Proviantgebäude sowie Unterkünfte für die Handwerker. Die Schlaf- und Aufenthaltsräume der Soldaten waren in vier langen Baracken untergebracht. Die Mannschaftsunterkünfte boten Platz für insgesamt 600 Personen.

Der einzige Zugang zur Festung erfolgte bis Ende der 1860er Jahre durch ein Torhaus in der Mitte der Südfront. Nordwestlich der Festungswälle lagen die Gärten der Offi-

Festung Friedrichsort, Südtor und Torbaracke, 1870

Festung Friedrichsort, Festungsinneres, 1870

ziere und Beamten, westlich anschließend der bis heute bewahrte Friedrichsorter Friedhof, der bereits 1648 angelegt worden war.

Ständige Festungsbewohner waren außer den Soldaten Handwerker mit ihren Angehörigen, die hier innerhalb der Festungswälle eine kleine Gemeinde bildeten. Im 18. und 19. Jahrhundert wurden in der Festung auch Sträflinge gefangengehalten, die im Turm des Torhauses untergebracht waren.

Nach anderthalb Jahrhunderten ruhigen Lebens fiel die Seefestung 1813 erneut in die Hände der Schweden, denn die vernachlässigten Werke konnten den Truppen des schwedischen Kronprinzen Bernadotte keinen Widerstand leisten. Ein Jahr später gelangte sie im Frieden von Paris an Dänemark zurück. Prominentester „Gast“ der Festung war Uwe Jens Lornsen, streitbarer Vorkämpfer für eine schleswig-holsteinische Landesverfassung, der hier 1831 den ersten Teil seiner einjährigen Festungshaft verbüßte.

Die dritte und letzte Kampfhandlung erlebte Friedrichsort 1848 zu Beginn der schleswig-holsteinischen Erhebung. Der damalige preußische Artillerieleutnant Werner (v.) Siemens, der spätere Mitbegründer und Teilhaber der Firma Siemens & Halske, berichtet darüber aus eigenem Erleben in seinen 1892 erstmals gedruckten „Lebenserinnerungen“; die farbige Szenerie gewinnt teilweise recht amüsante Züge. Erstmals sind damals in einem (See-)Krieg Minen verwendet worden; „unterseeische Minen mit elektrischer Zündung sind zuerst im Jahre 1848 zur Verteidigung des Kieler Hafens in ausgedehnter und erfolgreicher Weise in Anwendung gekommen, sind also eine deutsche Erfindung“, schrieb Siemens im Juli 1877 von Westerland/Sylt aus an die Nationalzeitung.

Siemens' Schwager war der in Kiel dicht am Hafen wohnende Professor der Chemie Himly, der ihn in jenen Tagen bei seinem Vorhaben tatkräftig unterstützte. Die Minen wurden „im inneren Hafen etwa zwischen der Werftbrücke von Düsternbrook und der Mündung der Schwentine schachbrettartig verankert, und die Zündstation in ein Zimmer des alten Kurhauses der Seebadeanstalt von Düsternbrook verlegt.“

Über die weiteren Ereignisse in jenen Frühlingstagen des Jahres 1848 schreibt Siemens:

„Es hieß damals in der Tat, daß in Kopenhagen beschlossen sei, Kiel zu bombardieren, noch bevor es von den deutschen Truppen besetzt würde. Mir wurde dabei doch etwas bange um die Stadt, denn das Fahrwasser erwies sich bei genauer Untersuchung für Schiffe mittlerer Größe breiter, als ursprünglich angenommen war. Die dänische Flotte konnte sich auch ruhig bei Friedrichsort vor Anker legen und das Bombardement in aller Muße durch Kanonenboote ausführen. Ich hielt es deshalb für äußerst wichtig, daß die Festung Friedrichsort nicht in dänischem Besitz bliebe. Dieselbe sollte nur von einer sehr kleinen Anzahl dänischer

Invaliden besetzt sein, ihre Eroberung schien daher nicht schwierig.

Ich trug meine Ansicht dem neu ernannten Kommandanten von Kiel, einem hannöverschen Major, vor. Er stimmte mir vollständig bei, hatte auch die Nachricht erhalten, daß in der Tat eine dänische Eskadre unterwegs sei, um Friedrichsort zu besetzen, bedauerte aber ohne Mannschaft zu sein, also nichts tun zu können. Als ich an die Kieler Bürgerwehr erinnerte, die gewiß dazu bereit sein würde, bezweifelte er dies zwar, erbot sich aber, Generalmarsch schlagen zu lassen und der Bürgerwehr meinen Vorschlag zu unterbreiten. Diese kam auch schnell in ansehnlicher Zahl zusammen, und ich versuchte ihr den Nachweis zu führen, daß es zum Schutze des Lebens und Eigentums der Kieler Bürger unbedingt nötig sei, Friedrichsort zu besetzen, was heute noch leicht ausführbar wäre, aber morgen vielleicht nicht mehr.

Meine Rede hatte gezündet. Nach kurzer Beratung erklärte sich die Bürgerwehr bereit, noch in der kommenden Nacht die Festung zu besetzen, wenn ich das Kommando übernehmen wollte, wozu ich mich natürlich gern verstand. So wurde denn eilig mit Hilfe des Stadtkommandanten, der zwar keine Mannschaft, aber ziemlich gefüllte Magazine zu seiner Verfügung hatte, aus der Bürgerwehr ein Expeditionskorps von 150 Mann gebildet, dem sich noch eine Reserve von 50 Mann anschloß.

Gegen Mitternacht waren wir auf dem Wege nach Holtenau, von wo aus der Sturm auf die Festung erfolgen sollte. Meine Truppe marschierte lautlos und tapfer auf die Zugbrücke los, die glücklicherweise niedergelassen war, und mit lautem Hurra nahmen wir von der Festung Besitz. Ein Widerstand irgendwelcher Art machte sich leider nicht bemerklich. Ich schlug mein Hauptquartier im Kommandanturgebäude auf, und es wurde mir dort bald die aus sechs alten Feuerwerkern und Sergeanten bestehende und, wie es schien, von den Dänen ganz vergessene Besatzung gefangen vorgeführt. Die Leute wurden einstweilen unter Arrest gestellt und am folgenden Tage als erste Kriegsgefangene nach Kiel transportiert; es waren geborene Schleswig-Holsteiner, die offenbar froh waren, auf diese Weise ihre Entlassung aus dem dänischen Heeresverbande zu erhalten.

Bei Tagesgrauen erhielt ich die Meldung, daß auf der Reede ein dänisches Kriegsschiff läge, und bald darauf wurde ein Spion eingebracht, der ihm vom Walle aus Signale gegeben hatte. Es war ein zitternder alter Mann, der von kräftigen Armen gefesselt mir vorgeführt wurde. Bei dem angestellten Verhör ergab sich, daß er Garnisonspastor war, dem es zu unruhig in der sonst so stillen Festungsruine geworden und der deshalb den Fischern des auf der anderen Seite des Hafeneinganges gelegenen Dorfes Laboe das verabredete Signal zur Hersendung eines Bootes gegeben hatte.

Das kleine Kriegsschiff blieb ruhig auf seinem Ankerplatz liegen, sendete ein Boot nach Laboe und ging nach dessen Rückkehr wieder in See. Ich hatte in der Festung eine mächtige schwarz-rot-goldene Fahne aufhissen und die Wälle besetzen lassen, so daß das Schiff die Meldung nach Kopenhagen überbringen konnte, die Seebatterie Friedrichsort sei von einer deutschen Truppe besetzt, wie auch bald in dänischen Zeitungen zu lesen war.

In den nächsten Tagen erhielten wir viel Besuch aus Kiel. Nicht nur der Kommandant der Stadt und sogar ein Mitglied der provisorischen Regierung besuchten uns, sondern auch die Frauen und Verwandten der Bürgerwehr kamen in großer Zahl, um sich von dem Wohlergehen ihrer Angehörigen persönlich zu überzeugen. Nach Verlauf einer Woche fing indessen meine Mannschaft an, beträchtlich zusammenzuschmelzen, da die Frauen ihren Männern bei den Besuchen überzeugend nachwiesen, daß sie zu Hause unentbehrlich seien. Ich konnte mich der Einsicht nicht verschließen, daß es unmöglich wäre, die Bürgerwehr, die sich ihren häuslichen Geschäften nur schwer entziehen konnten, für längere Zeit in Friedrichsort zurückzuhalten. Andererseits war noch ganz Holstein von Militär entblößt, und die schwachen Reste der schleswig-holsteinischen Truppen standen den wieder in Nordschleswig einrückenden Dänen gegenüber.

Ich war daher vor die Wahl gestellt, entweder meine Eroberung wieder aufzugeben oder mir einen Ersatz für die Bürgerwehr zu verschaffen. Die Bauernjugend der Propstei – des der Festung Friedrichsort gegenüberliegenden, das südliche Ufer des Kieler Hafens bildenden Landstrichs – schien mir besonders geeignet, diesen Ersatz zu bilden. Ich zog deshalb, von einer kleinen Truppe der Bürgerwehr begleitet, mit Fahne und Trommel zunächst nach Schönberg, dem Hauptorte der Propstei, rief die Dorfältesten zusammen und stellte ihnen vor, daß es ihrer eigenen Sicherheit wegen durchaus nötig wäre, daß sie ihre erwachsenen Söhne zur Besetzung der Festung hergäben. Es entspann sich eine lange, schwierige Verhandlung mit den Vollbauern und ihren Frauen, die sich hinter ihren Gebietern aufstellten und auch direkt an den Verhandlungen beteiligten. Die Leute meinten, ‚wenn die Herren', nämlich die Regierung, es für nötig erachteten, daß ihre Söhne marschierten, so könnten sie es ja so anordnen; dann wisse man, was man zu tun habe. Wenn die Dänen in ihr Land, die Propstei wirklich einfielen, dann wollten sie sich wohl auch ohne Kommando wehren, aber ‚in det Butenland up de annere Sid det Waters' wollten sie nicht freiwillig gehen . . .

Als die Bauernschaft unter lauter Zustimmung des weiblichen Chorus dabei unabänderlich stehenblieb, wurde ich zornig. Ich erklärte sie in plattdeutscher Sprache, die ich aus meiner Jugendzeit noch kannte, für dumme Esel und feige Memmen und sagte ihnen, in Deutschland hätten die Weiber mehr Courage wie hier die Männer. Zum Beweise las ich ihnen aus einem Zeitungsblatte die Nachricht vor, daß sich in Bayern bereits eine Weibertruppe gebildet hätte, um das Land gegen die Dänen zu schützen, da es den Männern daselbst an Mut fehle. Die würde ich abwarten, um die Festung mit ihnen zu verteidigen.

Das wirkte. Als ich im Begriff stand, mit meiner kleinen Truppe wieder abzuziehen, kam eine Deputation der Altbauern und bat mich noch zu warten, sie wollten sich die Sache noch einmal überlegen, da es ihnen doch nicht paßte, daß die Weiber ihr Land verteidigen sollten. Ich erklärte mich dazu bereit, verlangte aber, daß die Dorfgemeinschaft wenigstens 50 Mann stellte, sonst lohnte die Sache nicht. Wir wurden darauf gut verpflegt, und eine Stunde später standen in der Tat 50 junge Männer bereit, um mitzugehen, gefolgt von hoch mit Lebensmitteln aller Art beladenen Fahrzeugen, ‚damit ihre Jungens in der Festung doch nicht zu hungern brauchten', wie mir die Schulzenfrau erklärte. So zogen wir von Dorf zu Dorf mit ähnlichem Erfolge, und am späten Abend marschierte ich mit 150 kräftigen Bauernjungen und einer ganzen Lebensmittelkarawane wieder in die Festung ein. . .

Eines Morgens wurden wir durch die Meldung alarmiert, daß drei große dänische Kriegsschiffe auf der Reede lägen. Es schien in der Tat, als ob ein Angriff auf die Festung beabsichtigt würde – der ja auch in Anbetracht ihrer schlechten Verfassung und Ausrüstung große Chancen gehabt hätte. Der schwächste Punkt der Festung war das auf den inneren Hafen mündende Eingangstor. Die Zugbrücke war verfallen, der Graben wasserfrei und das die Einfahrt dekkende Ravelin nur noch in den Umrissen vorhanden. Da inzwischen mein Schwager Himly die vorläufig für die Minen benutzten Stückfässer zum Teil schon durch die aus Berlin eingetroffenen Gummisäcke ersetzt hatte, so ließ ich eins von diesen jetzt entbehrlich gewordenen Fässern nach Friedrichsort schleppen, um es dort als Flattermine zur Verteidigung des Festungstores zu verwenden. Ich hatte am Tage vor der Alarmierung in der Mitte des alten Ravelins eine tiefe Grube ausheben und das Faß darin versenken lassen. Da es bei dieser Arbeit Nacht geworden war, so blieb die Grube offen und wurde durch einen Posten bewacht. Als am anderen Morgen die Alarmierung stattfand, beauftragte ich meinen Bruder Friedrich, die Zündleitung fertig zu machen, um die Mine im Falle eines Sturmes vom Walle aus entzünden zu können.

Die Schiffe hatten sich jetzt der Festung wirklich auf Schußweite genähert. Meine drei brauchbaren Kanonen waren besetzt und der Ofen zum Glühendmachen der Kugeln in voller Tätigkeit. Ich verbot aber zu schießen, bevor die Schiffe die Einfahrt forcierten. Die übrige Mannschaft hatte ich auf dem Festungshofe versammelt, um sie einzuteilen und zur Tapferkeit zu ermahnen. Da stieg plötzlich vor dem Festungstore eine gewaltige Feuergarbe hoch empor. Ich fühlte eine starke Zusammendrückung und unmittelbar darauf eine gewaltsame Ausdehnung des Brustkastens; die erste Empfindung war vom klirrenden Einbruch aller Fensterscheiben der Festung begleitet, während bei der zweiten sämtliche Ziegelsteine der Dächer sich fußhoch erhoben und darauf mit großem Getöse niederfielen.

Natürlich konnte es nur die Mine sein, deren Explosion das Unheil angerichtet hatte. Da traf mich gleich schwer der Gedanke an meinen armen Bruder Fritz. Ich lief zum Tore hin, um nach ihm zu sehen, doch begegnete er mir unversehrt schon innerhalb desselben. Er hatte die Mine fertiggemacht, die Batterie auf dem Wallgange aufgestellt, den einen Zünddraht mit dem einen Batteriepol verbunden und den anderen an einem Baumzweige befestigt, um ihn zur Zündung gleich zur Hand zu haben, und wollte mir dies eben melden, als die Explosion eintrat und der Luftdruck ihn vom Walle hinab in das Innere der Festung schleuderte. Der ziemlich heftig wehende Wind hatte den zweiten Zünddraht vom Baume losgerüttelt, wobei er gerade auf den anderen Batteriepol fiel und dadurch die Zündung bewirkte...

Ernster beschädigt war der Kieler Militärarzt, der nach Friedrichsort geeilt war, als das Erscheinen des dänischen Geschwaders gemeldet wurde, und in dem Augenblick die Zugbrücke passierte, als unmittelbar neben ihm die Explosion stattfand. Er war mit seinem Fuhrwerk in den Wallgraben gestürzt und hatte sich dabei einige Quetschungen zugezogen. Auch hatte sich der Koch stark verbrüht, der gerade eine gefüllte Suppenschale die Treppe des Erdgeschosses hinauftrug und durch die Explosion hinabgestürzt wurde..."

Für die weitere Entwicklung Friedrichsorts war das Jahr 1865 entscheidend, als durch Kabinettsorder des preußischen Königs die Marinestation der Ostsee von Danzig nach Kiel verlegt wurde. Mit der Bestimmung Kiels zum preußischen Marinehafen wurden umfangreiche Baumaßnahmen zur militärischen Absicherung des Hafens ausgelöst. Zwischen den Forts Stosch, Korügen und Röbsdorf auf dem Ostufer sowie Falckenstein, Holtenau und Herwarth auf dem Westufer wurden Redouten, Panzertürme und Batterien eingerichtet, die im Kriegsfall durch Schützengräben, Schanzen und Dämme miteinander verbunden werden sollten.

1865 wurden ein Kommando Pioniere und 1866 zwei Kompanien Seeartillerie nach Friedrichsort gelegt, die in den Kasernen A, B und C auf dem Festungsgelände, später in der Matrosen-Artillerie-Kaserne untergebracht wurden. Die Kaserne C war ein provisorischer Holzbau, der außerhalb der Festung – an der heutigen Straße Christianspries – 1869 wieder errichtet und erst in den 1950er Jahren abgebrochen wurde.

Neben der Seeartillerie gehörten zwei weitere militärische Einheiten zur Friedrichsorter Garnison: zum einen die Schiffsjungendivision, die ebenfalls in der Kaserne C, später in der Matrosen-Artillerie-Kaserne untergebracht war, und zum anderen die Signalkompanie, die Dienst und Unter-

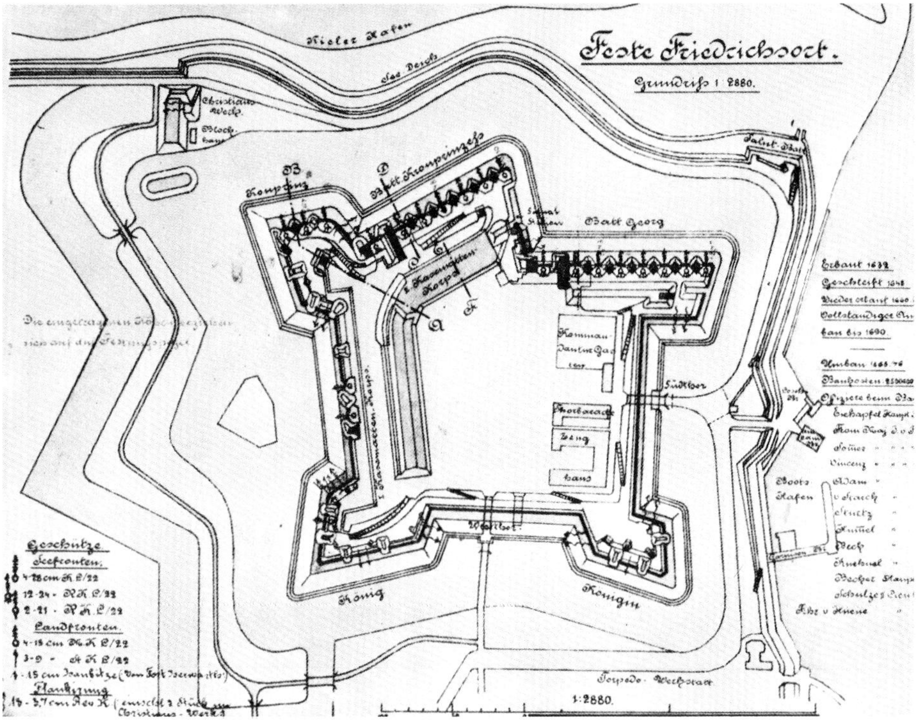

Plan der Festung Friedrichsort, um 1900

kunft in der Feste hatte. Westlich der Matrosen-Artillerie-Kaserne entstand zeitgleich zu ihr und in gleichem Baustil das Garnison-Lazarett, die heutige Heinrich-von-Stephan-Schule.

Zur Koordination aller Arbeiten, die zum Schutze des Kieler Hafens anfielen, hatte man 1866 in Friedrichsort eine Königliche Festungsbaubehörde, seit 1877 als Kaiserliche Fortifikation bezeichnet, eingerichtet. Im selben Jahr war ein Artilleriedepot geschaffen worden, das für die artilleristische Versorgung der Befestigungsanlagen sowie für die Munition der Kriegsschiffe zuständig war. Zur Herstellung der Marinemunition diente bis 1888 auch die Laboratoriums-Redoute (1866–68 erbaut) auf der Höhe im Winkel zwischen den Straßen Christianspries und An der Schanze. Unmittelbar an die Festung im Westen angrenzend entstand 1877 das Torpedodepot (auf dem Gelände der heutigen Krupp MaK-Werke) – von dem 1886 das Minendepot (auf dem Gelände der heutigen Lindenau-Werft) abgezweigt wurde–, aus dem sich 1891 die spätere Torpedowerkstatt entwickelte, die vor dem 1. Weltkrieg ca. 3000 Arbeiter und Angestellte beschäftigte. Das Torpedodepot diente zunächst nur zur Aufbewahrung, in der Folgezeit auch zur Eigenanfertigung der Torpedos. Ein Schieß- und Erprobungsstand lag direkt am Ufer mit Richtung in die Innenförde. Zu Beginn des Deutsch-Französischen Krieges (1870/71) war zusätzlich in aller Eile eine Hafensperre errichtet worden, die aus einer doppelten Kettensperre, einer Floßsperre mit herabhängenden Netzen und einer Minensperre zwischen Falckenstein und Jägersberg bestand.

Die verschiedenen militärischen, fortifikatorischen und zur Herstellung von Kriegsmaterial entstandenen Einrichtungen machten eine Reihe von Dienst- und Wohngebäuden erforderlich, so daß neben den Fortifikationsarbeiten ein reger Wohnungsbau einsetzte. Er fand seinen Niederschlag in einer westlich des Torpedodepots streng planmäßig angelegten Siedlung. Es folgten die Wohn- und Dienstgebäude im westlichen Christianspries und in der Koloniestraße, 1875 die Garnisonkirche in der Möhrkestraße. Für die Arbeiter der Torpedowerkstatt entstanden zunächst Barackenwohnungen im unteren Friedrichsort, seit 1891/92 die Arbeiterwohnungen in der Kolonie Prieser Höhe.

Auch innerhalb der Festungswälle traten Veränderungen ein. Die meisten der hier aus dänischer Zeit errichteten Gebäude wurden nach und nach abgerissen. Bis in den 2. Weltkrieg hinein blieben lediglich das Zeughaus und die westliche Torbaracke stehen. Im Jahre 1869 wurde unterhalb des Nordwalles die erste preußische Kasematte errichtet, 1876 die südlich und parallel zu ihr gelegene Kasematte II, die beide bis heute erhalten sind.

Für das kleine Friedrichsort, das seit 1867 eine Garnison, eine Fortifikation und einen Rüstungsbetrieb mit den dazugehörigen Wohngebäuden für die Arbeiter, den Dienst- und Wohnbauten der Marine beherbergte, fand nach Beendigung des 1. Weltkrieges eine fast vollständige Umstrukturierung statt. Sämtliche Befestigungsanlagen wurden geschleift und das gesamte Kriegsmaterial vernichtet oder verkauft. Der Besitz an Grund und Boden ging in die Reichsvermögensverwaltung über.

Der Nordwall der Festung wurde abgetragen und in den nördlichen Graben geschoben. Die übrigen Wälle und Gräben blieben erhalten, ebenso die beiden Festungskasematten, von denen jedoch die Erdbedeckung abgetragen wurde, so daß zunächst die vielen Schornsteine fremdartig über die Flachdächer hinausragten. Nach dem 2. Weltkrieg verfielen die Festungswälle immer mehr, und die Wallgräben verschmutzten zusehends. In den erhalten gebliebenen Kasematten wurden – wie schon nach dem 1. Weltkrieg – Flüchtlinge und andere unterkunftslose Familien für viele Jahre untergebracht. Nachdem das Festungsgelände vorübergehend auch für Zivilpersonen frei zugänglich war, wurde es von der Bundeswehr eingezäunt. Auf der Landspitze entstand eine Marinesignalstation für den optischen und drahtlosen Signalverkehr und daneben die Salutbatterie der Bundesmarine, die beim Besuch ausländischer Kriegsschiffe den Salut erwidert.

Die bisherige Torpedowerkstatt wurde 1919 ein Teilbetrieb der Deutschen Werke AG in Berlin. Nach anfänglicher Umstellung auf Friedensproduktion nahm man mit einsetzender Wiederaufrüstung im Jahre 1936 auch die Torpedo- und Ausstoßrohrfertigung wieder auf. Nach dem 2. Weltkrieg wurden wiederholt die militärischen Einrichtungen zerstört, teilweise auch ins Ausland geschafft.

Außer den heute für die Öffentlichkeit kaum zugänglichen, vom Deichweg aber gut einsehbaren erhaltenen Teilen der Festung Friedrichsort – den Gräben, Wällen und Kasematten I und II – erinnern an jene Zeit noch

- mehrere Dienstwohngebäude der Torpedo-Werkstatt in den Straßen Christianspries und Skagerrakufer, Falkland- und Werner-von-Siemens-Straße
- Dienstwohngebäude des Minendepots in der Straße Skagerrakufer („Grauer Esel") und des Artilleriedepots in der Möhrkestraße
- das ehemalige Garnisons-Lazarett, die heutige Heinrich-von-Stephan-Schule, Skagerrakufer 4–6
- der 1631 angelegte (ehemalige Garnison-)Friedhof an der Falckensteiner Straße
- mehrere (hölzerne) Wohngebäude in der Möhrkestraße und
- die ehemalige Garnisonkirche, heutige Bethlehem-Kirche in der Möhrkestraße 9

Bereits in der Festung Christianspries hatte es eine evangelische Kirchengemeinde gegeben, und in der Festung Fried-

Bethlehem-Kirche, ehemalige Garnisonskirche, in Kiel-Friedrichsort, 1985

richsort wurde sogleich mit Baubeginn im Jahre 1663 von König Friedrich III. ein Pastor berufen – Anastasius Sorgenfrei, der aber bereits nach 5 Wochen „meistentheils wegen seines vorhin geführten sehr ärgerlichen Lebens" abgelöst wurde. Die Kirchengemeinde war in dänischer Zeit immer sehr klein, sie umfaßte ja nur den Bereich der Festung; erst in preußischer Zeit wuchs mit der Einwohnerzahl auch die der Kirchengemeinde.

Von 1664 an diente über 2 Jahrhunderte als Kirchenraum ein 25 × 6,6 m großer Saal im 1. Stock des im Festungshof liegenden Seitenflügels des Kommandantenhauses. Er war über 2 Eingänge mit Außentreppen zugänglich und mußte wegen Baufälligkeit aufgegeben werden; von 1868 bis 1875 diente dann der Arbeitssaal der 1868 errichteten Laboratoriumsredoute als Kirchenraum, bis ein eigenes neues Gotteshaus für die Garnisongemeinde gebaut wurde.

Die versteckt liegende, recht unscheinbar wirkende, hölzerne ehemalige Garnisonkirche wurde aus Reparationsmitteln des Krieges 1870/71 von der Kaiserlichen Admiralität in

Berlin erbaut und am 2. Weihnachtstag 1875 geweiht. Die Außenmaße des Gotteshauses sind mit 25 m Länge und 12 m Breite gering, zugleich auch ein Ausdruck preußischer Sparsamkeit. Die Bethlehem-Kirche, wie sie heute heißt, wurde 1933/36 und 1955 renoviert, 1963/67 erfolgte ein Umbau des Altarraumes – ein stiller, anheimelnder Reiz liegt auf diesem kleinen Gotteshaus.

Die um 1880 ca. 1000 Mann starke Garnison bestand größtenteils aus Mitgliedern der evangelisch-lutherischen Kirche. Sie bildeten die Garnisonkirchengemeinde, die zunächst von dem Marine-Standort-Pfarramt in Kiel betreut wurde; das 1878 für Friedrichsort eingerichtete Marine-Pfarramt wurde 1885 aufgehoben, 1891 wieder eingerichtet und bestand dann bis 1922.

Kieler Förde

Schon lange vor der Entscheidung, den Kieler Hafen als Flottenstützpunkt des Deutschen Reiches zu bestimmen, war das Gewässer wegen seiner Weiträumigkeit, Wassertiefe, Schutzlage und fehlenden Strömungen als gut geeigneter Ankergrund für größere Flottenverbände genutzt worden. Maßgebend hierbei war auch die schmale, leicht zu verteidigende Zufahrt in die Innenförde bei Friedrichsort. Eine hervorragende Stellung für den Marinebereich war Kiel während der dänischen Gesamtstaatzeit dennoch nicht zugewachsen.

Die entscheidende Wende kam erst nach Abschluß des dänisch-deutschen Krieges von 1864, als Kiel am 24. März 1865 zum preußischen Kriegshafen erklärt wurde. Die am 14. August 1865 zwischen Österreich und Preußen abgeschlossene Gasteiner Konvention, in der die Verwaltung der Herzogtümer neu geregelt wurde, sah für Kiel die Teilung in zwei Besatzungsbezirke vor, wobei Preußen einen am Wasser liegenden Bereich am westlichen Ufer und die Berechtigung zur Anlage von Befestigungen auf beiden Ufern der Förde – also auch der damals österreichischen Seite – erhielt.

So wurde zunächst die seit 1663 bestehende Festung Friedrichsort in verteidigungsfähigen Zustand gebracht, darüber hinaus drei Schanzen durch Seesoldaten aufgeworfen, und zwar nördlich von Friedrichsort in den Jahren 1867/70 auf dem Braunen Berg eine Batteriestellung (ab 1873 Fort Falckenstein), auf dem Ostufer 1865/66 eine am Strand von Möltenort (heute U-Boot-Ehrenmal) und 1865/68 eine am Hang des Jägersberges, zunächst Unter-Jägersberg genannt. Von Danzig aus kamen auf 3 Segelschiffen die notwendigen Geschütze. Unmittelbar vor Ausbruch des deutsch-österreichischen Krieges konnte am 26. Mai 1866 der Chef der Marinestation der Ostsee, Konteradmiral Jachmann, nach Berlin melden, daß die Hafenbefestigungen in der angeordneten Weise „nunmehr völlig armirt" wären.

Im Innenhafen gab es weitere Schanzen bereits aus der Zeit der schleswig-holsteinischen Erhebung 1848/51, und zwar eine bei Ellerbek, zwei bei Düsternbrook – die „Düsternbrooker Schanze" „auf einer Salzwiese am Eingang

Möltenorter Schanze, Kreidezeichnung von Adolf Burmester, um 1855

des Düsternbrooker Holzes“ und das schon 1851 geschleifte Fort Delius unterhalb der Krusenkoppel auf der Höhe des heutigen Wirtschaftsministeriums; diese 3 Schanzen wurden aber nicht wiederhergerichtet.

Noch vor Beginn des Deutsch-Französischen Krieges von 1870/71 wurde ein umfangreiches Bauprogramm zum Schutz des Hafengebietes verabschiedet, dessen Einzelmaßnahmen allerdings kaum begonnen oder überhaupt nicht in Angriff genommen waren. Mit großer Eile wurden daher zunächst provisorisch Stellungen ausgebaut, nach Friedensschluß ein umfangreicher Plan zur Verstärkung der Hafenbefestigungen durchgeführt; der Schwerpunkt dieser Arbeiten lag in den 1880er Jahren. Kiel sollte ein Kranz von 10 Forts umgeben, doch wurden nur 3 fertiggestellt. Doch bis zum 1. Weltkrieg wurden die Anlagen verstärkt, verbessert und ergänzt.

Nach dem Versailler Vertrag wurden in den Jahren 1919/20 sämtliche Anlagen vernichtet und geschleift, nur weite Sprengtrichter und große Betonklötze blieben übrig. Auch sie sind inzwischen teilweise eingeebnet.

Jugendlager Falckenstein, Rayon-Stein

Fort Falckenstein

Etwa 2 km nördlich der Festung Friedrichsort auf einer kleinen Anhöhe, zunächst „Brauner Berg“ 1867–1870 provisorische Batteriestellung, 1870–1873 für 1,2 Mio. Mark zum Fort ausgebaut, 2. September 1873 nach General der Infanterie Vogel v. Falckenstein, dem Generalgouverneur des Küstenlandes, umbenannt, 1905/06 Verstärkung des Forts.

Fünfeckige Anlage, Ost-West-Ausdehnung 140 m, Nord-Süd-Ausdehnung 260 m; Bestückung: zwölf 21-cm-, vier 9-cm- und zehn 3,7-cm-Kanonen. Unterkunftsräume/ Kasematten für 20 Offiziere und 630 Mann.

1919/20 Sprengung der Geschützstände und Kasematten, Ziegel z. T. für Wohnbauten in Pries verwandt. Stelle ab 1950 zu einer Stätte internationaler Jugendbegegnung ausgebaut, jetzt von der Landeshauptstadt Kiel als Jugendlager und im Rahmen der Jugendbetreuung genutzt.

Heute einige Reste von Betonklötzen und am Zugang ein Rayon-Stein, ca. 40 cm hoher Stein mit eingemeißeltem R.

Der Umkreis von Befestigungsanlagen wurde in Rayons eingeteilt, und zwar der I. Rayon im Umkreis von 600 m, der II. im Umkreis von weiteren 375 m, der III. im Umkreis von weiteren 1275 m. Im I. Rayon war eine zivile Bebauung verboten. Der I. und II. Rayon wurden durch die sogenannten Rayon-Steine, die in bestimmten Abständen aufgestellt wurden, gekennzeichnet.

Fort Herwarth

Auf dem Weg von Kiel/Altenholz in Richtung Dänischenhagen über die Bundesstraße 503 liegt vor der Abfahrt in Richtung Felm bzw. Friedrichsort auf der östlichen Seite eine bewaldete Anhöhe inmitten landwirtschaftlicher Nutzfläche, heute Dreilinden genannt.

1887–1890 Bau eines starken Forts für 2,8 Mio. Mark und Benennung nach Generalfeldmarschall Herwarth v. Bittenfeld.

Fünfeckige Anlage, Ost-West-Ausdehnung 130 m, Nord-Süd-Ausdehnung 320 m. Bestückung: auf dem Hauptwall vier 15-cm- und zwei 12,5-cm-Kanonen, auf dem Wallgang zwei 12,5-cm-Mörser, auf der Flankierung zehn 3,7-cm-Revolverkanonen. Unterkünfte für 33 Offiziere und 980 Mann.

1919/20 geschleift, im 2. Weltkrieg wieder militärisch genutzt, nach 1945 Flüchtlingslager, später Abriß der Baracken.

Heute im Besitz der Bundesvermögensverwaltung und nicht zu betreten; umfangreiche Trümmer, am Ostabhang eine pyrotechnische Fabrik. An dem Uhlenhorster Weg (nach Pries) ehemaliges Wallmeisterhaus.

Kommandostand Kahlenberg

In der Nähe des Weges Schmiedekoppel zwischen Pries und Schilksee stark übergrünte Reste der äußeren Umwallung von 23 m × 22 m. Erbaut 1910, da der Kommandostand des Befehlshabers der Kieler Befestigungen im Fort Falckenstein nicht ausreichend Übersicht bot.

Standort nur schwer zu erkennen.

Batterie Stohl-Marienfelde

Östlich von Dänisch-Nienhof oberhalb des Steilufers bei Stohl einige Bunker- und längere Bahndamm-Reste. Erbaut 1910 mit Militärbahn von Gettorf nach Stohl zum Materialtransport für Stellungsbau. Stellung 1919 gesprengt, Bahnlinie zunächst noch für zivile Zwecke bis 1931 in Betrieb.

U-Boot-Ehrenmal Möltenort

Möltenort, das mit den Kieler Stadtteilen Gaarden und Brunswik zu den ältesten Wohnplätzen an der Kieler Förde zählt, ist kommunalrechtlich ein Teil der Gemeinde Heikendorf – die vorspringende Landnase, auf der das Ehrenmal liegt, heißt auch „Heikendörper Orth".

Schon während des Dreißigjährigen Krieges gab es hier eine Küstenbatterie, und bereits während der schleswig-holsteinischen Erhebung entstand auf diesem Küstenvorsprung eine Schanze mit Palisaden und einer Blockhütte. Als nach dem deutsch-dänischen Krieg von 1864 Kiel Flotten-

Rumpf des Adlers des U-Boot-Ehrenmals in der Württembergischen Metallwarenfabrik (WMF), 1937

stützpunkt geworden war, wurde die alte Schanze 1865/66 zunächst provisorisch ausgebaut, 1886 als permanente Stellung mit vierseitiger Umwallung angelegt und mit vier 15-cm-Kanonen bestückt. Nach dem 1. Weltkrieg wurde die Schanze Möltenort geschleift, die Batteriestellung gesprengt.

In jener Zeit gaben die beiden ehemaligen U-Boot-Kommandanten v. Mellenthin und Walther im Kieler Skagerrak-Klub den Anstoß, ein Ehrenmal zur Erinnerung an die gefallenen U-Boot-Fahrer zu errichten – dieser Gedanke fand schnell allgemeine Zustimmung bei den verschiedenen örtlichen Gruppen der ehemaligen U-Boot-Fahrer, und am 22. September 1919 nahm ein Ausschuß die vorbereitenden Arbeiten auf. Von den eingegangenen Spenden in Höhe von ca. 800 000 Mark verblieben allerdings nach der Inflation von 1923 nur noch 2000 Rentenmark – „das war schmerzlich, aber auch heilsam, denn mit dem Neubeginn wurden Planung und Finanzierung auf eine realistische Basis gestellt".

Als Standort für das zu errichtende Ehrenmal entschied sich der Ausschuß für die Möltenorter Schanze, zumal die Gemeinde Heikendorf das Projekt von Beginn an sehr förderte. Eine Ausschreibung für das Denkmal im Oktober 1923 brachte 20 Entwürfe, von denen der Entwurf „Zeitgeist" „durch die größere Reife und Klarheit der Komposition den Vorzug" erhielt, zunächst aber verhinderte Geldmangel eine Fortführung des Projektes. Zwar fand am 11. Juli 1926 die Grundsteinlegung statt, doch ruhte das Vorhaben.

1928 legte Architekt Heinrich Hansen, Kiel, einen neuen Entwurf vor, und zwar eine 15 m hohe, schlanke, rechteckkige Betonsäule auf flachem Sockel, gekrönt von einem zum Flug ansetzenden Adler von 4 m Höhe und 7 m Flügelspannweite bei einem Gewicht von ca. 5 to. Unvorhergesehene Schwierigkeiten ergaben sich allerdings bei der Fertigstellung des Adlers – das Gewicht wurde weit überschritten, und die einzelnen Gußstücke paßten nicht zusammen – ein Neuguß wurde erforderlich.

Die Einweihung des unter so großen Mühen geschaffenen Ehrenmals, das Kieler U-Boot-Fahrer 1919 spontan angeregt hatten, fand schließlich am 8. Juli 1930, es war Pfingstsonntag, statt. Doch schon bald traten Schäden auf, der Adler setzte Rost an, der Betonpfeiler zeigte Risse; außerdem war die Platzgestaltung nicht sehr schön, so daß man sich unter Einschaltung des Volksbundes Deutsche Kriegsgräberfürsorge entschloß, das Ehrenmal nicht nur auszubessern, sondern in großzügiger Weise neu zu gestalten. Der Chefarchitekt des Volksbundes, Robert Tischler, machte 1936 den wegweisenden Vorschlag eines landeinwärts gelegenen Halbrunds mit zwei Ehrenhallen unter Beibehaltung des Betonpfeilers in der Mitte.

Der Umbau vom Spätsommer 1936 bis zum Frühjahr 1938 wurde praktisch zu einem Neubau mit dem Ergebnis der sich heute darbietenden Anlage, wobei auch eine neue Säule aus 80 cm hohen Blöcken errichtet wurde. Der neue Adler aus verkupfertem Eisen mit einem Gewicht von 12,4 to wurde in der Württembergischen Metallwarenfabrik (WMF) in Geislingen gegossen. Die Grundsteinlegung des neuen Ehrenmals fand am 1. August 1937, die Einweihung am 12. Juni 1938 in Anwesenheit vieler ehemaliger U-Boot-Fahrer statt; Boote der U-Flottille Weddingen hatten im Halbkreis vor der Möltenorter Schanze Aufstellung genommen.

U-Boot-Ehrenmal in Möltenort

Als 1939 der 2. Weltkrieg ausbrach, wurde es still um das Ehrenmal in Möltenort, und nach Kriegsende war das weitere Schicksal zunächst ungewiß, bis die britische Militärregierung am 24. Januar 1947 mitteilte, das U-Boot-Ehrenmal bleibe erhalten. Zu Jahresbeginn 1949 schaltete sich wieder der Volksbund Deutsche Kriegsgräberfürsorge mit dem Architekten Tischler ein und sorgte jetzt für erste Sicherungsmaßnahmen.

Die Jahre von 1956 bis 1984 brachten eine Erneuerung und Erweiterung des Ehrenmals, ohne jedoch seine bauliche Gestalt zu berühren. Im Zuge dieser Arbeiten entstand der Gedanke, an Stelle eines auszulegenden Ehrenbuches Bronzetafeln mit den Namen der Boote und der Gefallenen an der Außenwand des Umganges anzubringen. Am 8. September 1984 wurde dann das U-Boot-Ehrenmal in seiner heutigen Gestalt und Form der Öffentlichkeit übergeben.

Im 1. Weltkrieg gingen 199 U-Boote verloren, 4744 Männer fanden den Tod, im 2. Weltkrieg starben 28 728 Männer, 739 U-Boote gingen verloren – ihre Namen sind auf den 27 bzw. 89 Bronzetafeln im Umgang verzeichnet.

Das U-Boot-Ehrenmal im gerundeten Fünfeck der ehemaligen Schanze hat den Charakter einer Kasematte, die

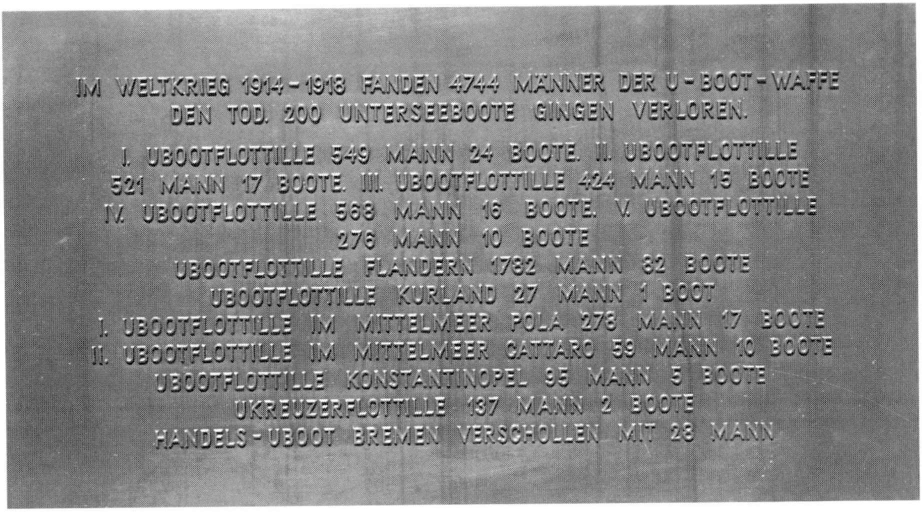

Gedenkplakette für die U-Boot-Waffe des 1. Weltkrieges

Vorderfront der See zugewandt und in der Mitte die 15,2 m hohe, von einem die Schwingen spreizenden Adler (Höhe 4,3 m, Spannweite 4,55 m) gekrönte Säule mit dem U-Boot-Abzeichen am oberen Ende. Die nördliche Ehrenhalle ist dem Gedenken der Gefallenen des Ersten Weltkrieges, die südliche dem der Gefallenen des Zweiten Weltkrieges gewidmet; beide Hallen sind durch den halbkreisförmigen, in die Erde eingelassenen und nach oben offenen Umgang verbunden.

„Möltenort" ist ein in seiner Schlichtheit und in seiner prägenden Gestaltung ausgezeichnetes Ehrenmal, das in dem Gedenken um die an unbekannter Stätte liegenden Gefallenen die Mahnung zum Dienst am Frieden beinhaltet, aus der unmittelbaren Verbundenheit zur See, aus der Lage seines Standortes und dem Gang seiner Geschichte sowie der seines Platzes von dem Besucher Anteilnahme fordert. Vorbeifahrende U-Boote aller Nationen beweisen ehrendes Angedenken durch das Dippen der Nationalflagge.

Korügen, Dänenkate und Jägersberg

Zwischen Heikendorf und Laboe erinnern mehrere Namen von Straßen und Plätzen an frühere Befestigungen, von denen heute teilweise noch Trümmer vorhanden sind. Die

Umgang im U-Boot-Ehrenmal mit den Bronzeplatten mit den Namen der Boote und Gefallenen

Anlagen sollten die im Kieler Hafen liegenden Kriegsschiffe vor Überraschungsangriffen schützen und ein Eindringen feindlicher Schiffe verhindern.

Südlich der Möltenorter Gründe wurde 1870/71 auf dem 34,4 m hohen Heidberg eine Redoute angelegt, die nach dem 1. Weltkrieg geschleift, im 2. Weltkrieg für Flakstellungen erneut genutzt wurde. Das Trümmergelände wurde nach 1945 aufgeforstet und wird heute für Sport- und Freizeitzwecke genutzt.

Wald-Batterie nahe dem Gehöft „Dänenkate", um 1870

Nördlich der Möltenorter Gründe lag einst 50 m oberhalb des Fördeufers und heutigen Campingplatzes das Fort Korügen; es wurde 1870/71 angelegt und 1874/77 mit Kosten von 1,3 Mio. Mark ausgebaut. Es hatte eine 300 m lange, nach Nordost gerichtete Seefront mit zehn 21-cm-Kanonen, in den Kasematten war Raum für 27 Offiziere und 617 Mann. Die Demontage und Sprengung der Anlage erfolgte 1919/20, doch zahlreiche von Gestrüpp überwucherte Gräben, Wälle und gesprengte Bunkereingänge geben noch heute Kenntnis von dem ehemaligen Befestigungswerk.

Der Platz am Strand südlich des Jägersberg-Geländes ist ein altes Kampfgelände, und die Bezeichnung „Dänenkate" erinnert an weit zurückliegende Ereignisse. König Christian IV. von Dänemark blockierte hier, nachdem die Schweden 1643 die Festung Christianspries (Friedrichsort) besetzt hatten, mit seiner Flotte die Einfahrt in die Kieler Förde, um ein Entkommen der schwedischen Schiffe zu verhindern, und ließ eine Schanze errichten. Als am 26. Juli 1644 der schwedische Admiral Klaes Fleming durch eine Kugel tödlich getroffen wurde, griffen 2 Tage später schwedische

Barackenlager auf dem Jägersberg im Deutsch-Französischen Krieg 1870/71 mit (im Hintergrund) Hafensperre (kombinierte Ketten-, Floß- und Netzsperre) bei Friedrichsort

Reiter, die unbemerkt über Neumühlen anmarschiert waren, die Dänen im Rücken an – sie sollen dabei 1100 Mann verloren haben. Das 1938 abgebrochene Gehöft in der Nähe dieses Platzes hieß „Dänenkate" und ein Teich, in den man die Leichen der Reiter warf, „Rütersoll" (Reitersumpf).

Oberhalb der Dänenkate liegt heute das Arsenal des Marinemunitionsdepots Jägersberg, ein Gelände, das ebenso schon im 30jährigen Krieg militärische Bedeutung hatte. 1865/68 wurde die hier seit der schleswig-holsteinischen Erhebung vorhandene Stellung provisorisch ausgebaut, 1879/81 verstärkt und mit sieben 17,5-cm-Kanonen bestückt. Nachdem das Gelände nach dem 1. Weltkrieg geschleift worden war, wurde ab 1935 das Sperrwaffen- und Artilleriedepot für die damalige Kriegsmarine mit großzügig ausgebauten Umschlageinrichtungen am Ufer angelegt. Die Anlagen wurden nach Kriegsende 1945 demoliert und gesprengt; ein Teil der Trümmer an der Uferlinie konnte bis heute nicht entfernt werden.

Im Zuge des Neuaufbaues der Bundesmarine erging dann 1957 der Erlaß des Bundesministers der Verteidigung, hier das Marinemunitionsdepot aufzustellen mit dem Auftrag der

Einlagerung und Wartung von Marinemunition aller Art. Das Areal des Depots umfaßt heute ca. 135 ha, die Personalstärke liegt bei 400 Mitarbeitern. Dem Depot kommt im Versorgungs- und Unterstützungsbereich der Marine eine große Bedeutung für die Flotte zu.

Röbsdorf

Um 1880 wurde der Befehlsbereich des Kommandanten des Reichskriegshafens Kiel um die Ortschaften Laboe, Brodersdorf, Lutterbek, Probsteierhagen, Alt- und Neuheikendorf, Möltenort und Schrevenborn erweitert, in der Folge auch weitere Forts zum Schutz des Hafens angelegt.

So wurde 1887/90 nordöstlich des Dorfes Röbsdorf auf der 49 m hohen Anhöhe als Gegenstück zu Fort Herwarth auf dem westlichen Fördeufer (S. 80) eine dieser in Größe und Grundriß entsprechende Stellung gebaut. Zahlreiche Hohlräume boten Unterkünfte für 45 Offiziere und 1029 Mannschaften. Um Material und Gerät heranzubringen, wurde von Korügen nach Röbsdorf eine 3645 m lange Schmalspurbahn gebaut.

1919/21 wurde das Fort Röbsdorf geschleift, die Stellungen gesprengt. Umfangreiche Reste von Wällen und Bunkern sind noch vorhanden, die Linienführung der abgetragenen Bahn teilweise in der Landschaft noch zu verfolgen.

Marine-Ehrenmal Laboe und U 995

Mit der Eröffnung des Nord-Ostsee-Kanals im Jahre 1895 wurde auch die Frage des militärischen Schutzes der Kanaleinfahrt bei Holtenau akut. Kaiser Wilhelm II. schlug anstelle einer beabsichtigten Batterie bei Möltenort einen Panzerturm, der Kommandierende Admiral v. d. Goltz und der Stationschef Admiral v. Koester als Standort des Turmes Bülk vor; der Staatssekretär im Reichsmarineamt Admiral v. Tirpitz war noch anderer Meinung und ließ eine Stelle bei Laboe untersuchen. Die schnell einberufene Kommission

89

Marine-Ehrenmal Laboe mit Teil des Pfeilergangs von der Ostseite

schlug einen Platz „auf der Bergnase etwa 500 m nordöstlich von Laboe" vor – und der Kaiser war einverstanden.

So entstand von 1899 bis 1902 südlich des Weges Laboe-Stein ein Panzerturm als am weitesten zur Ostsee vorgeschobene landfeste Verteidigungsstellung des Kieler Bereichs mit Unterkünften für zwei Offiziere und 100 Mann. Der Panzerturm war in einem massiven, die Hohlräume enthaltenden Sockel eingebaut, der Hof und der rückwärtige Teil der Flanken mit einer Brustwehr umgeben. Die Laboer Strandstraße war in einer Länge von über einem Kilometer durch den Marinefiskus ausgebaut worden, und von dieser Straße führte ein 159 m langer, tief eingeschnittener Zufahrtsweg zum Turm. Die Armierung des Panzerturmes bestand aus zwei parallel liegenden 28-cm-Schnellade-Schiffskanonen.

Aufgrund der Bestimmungen des Versailler Vertrages mußten sämtliche Befestigungsanlagen geschleift werden. Im Zuge dieser Maßnahmen wurde 1919 auch der Panzerturm Laboe in den technischen Anlagen abgebaut, die Betonteile danach gesprengt und die Ruinen – soweit möglich – abgetragen. Dabei entstand ein ödes Trümmergelände mit einem großen und tiefen Loch, das bald von der Gemeinde Laboe erworben wurde.

In jenen Jahren wirtschaftlicher Not, in denen staatlicherseits keine finanzielle Hilfe zu erwarten war, ging von dem ehemaligen Obermaat der Kaiserlichen Marine und Vorsitzenden des „Marine-Verein Graf Spee" in Duisburg, Wilhelm Lammertz, die Anregung aus, für die im Weltkriege gebliebenen Kameraden ein Ehrenmal zu schaffen. Seiner Anregung lag der Gedanke zugrunde, daß die Gefallenen der Marine zum großen Teil irgendwo in den Tiefen der Meere ruhten und keine Grabstätten hatten, an denen Angehörige ihrer Toten gedenken konnten. Ein solches Ehrenmal sollte nicht nur eine Trauer- und Gedenkstätte sein, sondern auch ein Mahnmal für die Zukunft. Lammertz' Antrag wurde im August 1925 vom Bund Deutscher Marine-Vereine grundsätzlich gutgeheißen und zur Weiterverfolgung einem Ausschuß übergeben.

Der Laboer Bürger Franz Heinrich, ebenfalls ein ehemaliger Angehöriger der Kaiserlichen Marine, hatte sogleich das Gelände des ehemaligen Panzerturmes am Ausgang der Kieler Förde vorgeschlagen, als ihm der Plan des Ehrenmals zu

Ohren kam. In zähen Verhandlungen überzeugte er die Laboer Gemeindevertretung von seinem Vorschlag, so daß er auf Gemeindekosten zu den Vorstandssitzungen des Bundes Deutscher Marine-Vereine geschickt wurde. Nach einer Besichtigung geeigneter Plätze an der Kieler Förde durch den Ausschuß fiel am 29. September 1926 die Entscheidung für den Standort Laboe.

Fünf Künstler wurden aufgefordert, Vorentwürfe für ein Denkmal zu Ehren der Gefallenen der deutschen Marine einzureichen – die Arbeit „Unsere Marine" des Düsseldorfer Architekten G. A. Munzer war der beste Entwurf.

Der Bund Deutscher Marine-Vereine hatte im August 1927 beschlossen, daß zur Sammlung der notwendigen Baukosten jedes Mitglied im Laufe von fünf Jahren zehn RM an den Ehrenmalfonds abzuführen hatte – die Mitgliederzahl betrug zu diesem Zeitpunkt ca. 40 000 Personen. Auch die Marine-Offizier-Vereinigung nahm im Februar 1929 eine Entschließung an, nach der in demselben Zeitraum 20 RM pro Mitglied aufzubringen wären. Der Chef der Marineleitung genehmigte die Durchführung von Sammlungen innerhalb der Reichsmarine, so daß zunächst der größte Teil der benötigten Geldmittel gesichert war:

Die Stadt Kiel, die sich von der Errichtung des Denkmales eine wesentliche Belebung des Fremdenverkehrs versprach, leistete im Herbst 1928 eine Spende von RM 50 000,– unter der Bedingung, daß der Turm im Herbst 1929 fertiggestellt sein müßte.

Die Grundsteinlegung des Marine-Ehrenmals erfolgte am 8. August 1927. Aus Hamburg kamen zwei Sonderzüge mit 3000 Teilnehmern von 450 deutschen Marine-Vereinen in Kiel an, wo am Bahnhof bereits vier Dampfer warteten. Weitere Besucher reisten aus allen Teilen Deutschlands nach Kiel oder direkt nach Laboe, wo sich dann insgesamt 5000 Besucher zu dem Festakt eingefunden hatten.

Die gesamte Anlage sollte in drei Bauabschnitten errichtet werden, und zwar der Turm, die unterirdische Weihehalle sowie die Ehrenhalle mit Umfassungsmauern und Festplatz. Der Turm wurde als der wichtigste und weithin sichtbare Bauteil als erster begonnen. Der Bau des Turmes erforderte einen Aufwand von ca. 400 000 RM; diese Summe konnte nur mit einem Zwischenkredit von 150 000 RM aufgebracht werden, den die Beamtenbank zur Verfügung stellte. Der

Feier zur Grundsteinlegung am 8. August 1927; in der Mitte das Modell des Ehrenmals, links neben der Fahne Admiral Scheer

Baubeginn verzögerte sich jedoch bis zum 11. Juni 1929, da umfangreiche Bodenuntersuchungen notwendig waren und vorher abgeschlossen werden mußten. Der Turm erhebt sich 68,2 m über das Gelände, das etwa 14,0 m über NN liegt, so daß der Turmkopf um 82 m den Meeresspiegel überragt.

Als zweiter Bauabschnitt wurde am 16. Juni 1933 die unterirdische Weihehalle begonnen, die ebenfalls besondere Schwierigkeiten bot, da es bisher nichts Vergleichbares gab – ein massiver Kuppelbau von nur 6,0 m Höhe bei einem Durchmesser von 27,0 m. Die möglichen Belastungen durch Menschenansammlungen auf dem darüberliegenden Festplatz waren rechnerisch kaum zu erfassen. Außerdem war von großer Bedeutung, wie dieser Raum bei der durch seine Lage bedingten Höhe im Innern wirken würde. Die Erwartungen wurden voll erfüllt und teilweise übertroffen.

„Als dritter und letzter Bauabschnitt wurde die obere Ehrenhalle ausgeführt. Sie ist an Stelle des ursprünglich geplanten Rundbaues mit Nischen getreten. Die Ehrenhalle hat eine Länge von 66,50 m und eine Breite von 11,50 m. Sie

Der noch eingerüstete fertige Turm des Ehrenmals mit Bauarbeitern der beteiligten Firmen, Ende November 1929

paßt sich in der Form dem Rundgang des Festplatzes an. Die Wände sind mit Klinkern aufgemauert: das mit Kupfer eingedeckte Dach besteht aus Eisenbeton und ruht auf Eisenbetonpfeilern. Nach hinten hat der Bau große Fensterflächen...

Die Umfassungsmauer ist nur an den Seiten des Platzes geschlossen, während sie nach dem Turm als Pfeilergang geöffnet ist, um den Blick der auf dem Festplatz Stehenden nach der See frei zu lassen. Der Mauer ist außen und innen ein Erdwall vorgelagert."

In neun Jahren war am Ostufer der Kieler Förde eine Gedenkstätte für die im Krieg gefallenen 34 836 deutschen Seeleute entstanden. Zum 20. Jahrestag der Skagerrak-Schlacht am 30. Mai 1936 war die feierliche Einweihung vorgesehen. Es war ein der damaligen Zeit entsprechend pompös aufgezogener Staatsakt, der nicht auf Kiel bezogen blieb und an dem viele Ehrengäste teilnahmen. Aus nah und fern waren Tausende von ehemaligen Marineangehörigen angereist.

Das Marine-Ehrenmal wurde bald über die Grenzen Deutschlands bekannt – Italien nahm sich beim Bau des großen Ehrenmals für die im 1. Weltkrieg Gefallenen das von Laboe zum Vorbild, und wäre nicht der 2. Weltkrieg gekommen, stünde eine ähnliche Gedenkstätte heute in Japan, denn die Pläne hatte der Tenno bereits angefordert.

Der 2. Weltkrieg ging wie an vielen Ehrenmalen so auch an Laboe nicht schonungslos vorüber. Noch in den letzten Kriegstagen des Jahres 1945 wurden die Ausstellungsstücke der Historischen Halle zerstört, „die alte Schau versank im Zusammenbruch 1945". Nach Beendigung des Krieges wurde das Ehrenmal von den Alliierten beschlagnahmt, die britische Besatzungsmacht ließ sogleich die großen Kalkmalereien an den Wänden, den Untergang der deutschen U-Boote darstellend, entfernen.

Die Bemühungen um eine Rückgabe des Ehrenmals setzten sehr bald ein. Erst nach langen Verhandlungen mit der britischen Besatzungsmacht führten sie zum Erfolg. In einer Feierstunde am 9. Mai 1954 übernahm der Deutsche Marinebund das Ehrenmal wieder in seine Obhut.

Der Deutsche Marinebund ging bei der Neugestaltung des Marine-Ehrenmals von dem Grundsatz aus, es nunmehr als Gedenkstätte für alle Toten auf See – die früheren Gegner eingeschlossen – gelten zu lassen und diese Bestimmung auch in der historischen Ausstellung zu verankern.

Schiffahrt, Schiffbau, Seefischerei und -handel werden ebenso dargestellt wie Meeresforschung und technischer Fortschritt oder die Flucht vieler tausend Menschen über Eis und Meer gegen Ende des 2. Weltkrieges mit ihrer Rettung über See. Leistungen, Leiden und Opfer werden in Bildern, Modellen, Tabellen und Zahlen gegenwärtig. In den neuen Inschriften in der Ehrenhalle mahnen sie nachdrücklich mit den Worten:

1914–1918
Fünfunddreißigtausend
1939–1945
Hundertzwanzigtausend
Sie starben für uns
Den Lebenden zur Mahnung

An den Wänden sieht man die Schattenrisse aller gesunkenen Schiffe, in Gruppen und Sektoren gegliedert:

1. Weltkrieg
2 Linienschiffe
7 Große Kreuzer
18 Kleine Kreuzer
93 Zerstörer und Torpedoboote
211 Unterseeboote
17 Hilfskreuzer
5 Minenleger
122 Minenräumer
129 Kanonen-, Vorpostenboote und U-Jäger
8 Sperrbrecher
15 Troßschiffe
57 Hilfsschiffe
66 Fischdampfer
210 Handelsschiffe
46 Luftschiffe
177 Seeflugzeuge

2. Weltkrieg
4 Schlachtschiffe
5 Schwere Kreuzer
4 Leichte Kreuzer
97 Zerstörer und Torpedoboote

171 Schnellboote
840 Unterseeboote
7 Hilfskreuzer
33 Minenleger
67 Sperrbrecher
10 Lazarettschiffe
Hilfsschiffe, Minenräumer, Vorpostenboote, U-Jäger, Troß- und Beischiffe.

Heute wie bald nach Errichtung des Turmes dippen die Schiffe nicht nur der Bundesmarine, sondern auch die des Auslandes, Handels- und Kriegsschiffe beim Passieren des Ehrenmals die Flagge. Das ist nicht allein „ein schöner Brauch", vielmehr ehrendes Gedenken der Opfer.

Während viele andere Ehrenmäler die ihnen zugedachte Symbolik und Aussage in der Gegenständlichkeit des Themas suchen und ihre Gestaltung in übersteigerten Ausmaßen häufig einen begrenzten Zeitgeschmack widerspiegeln, ist das Marine-Ehrenmal in Laboe in seinen schlichten Formen ein eindrucksvolles Beispiel großer Denkmalbaukunst unseres Jahrhunderts. Der hohe Turm mit der von der Landseite kühn aufschwingenden Linie hat die Menschen oft zu Vergleichen angeregt. Sie sehen darin den Bug eines Wikingerschiffes, den Steven eines Kreuzers, einen U-Boot-Turm. Andere glauben darin die Gestalt einer trauernden Frau, eine zum Himmel aufstrebende Flamme oder auch das braune Gaffelsegel eines Fischerboots zu erkennen.

Unterhalb des Marine-Ehrenmals am Strand liegt aufgebockt das *U-Boot U995* der Kriegsmarine, das dort am 13. März 1972 als marinetechnisches Museum aufgestellt wurde. Das Boot wurde am 16. September 1943 auf der Hamburger Werft Blohm & Voß in Dienst gestellt und war dann von Frühjahr 1944 bis Kriegsende 1945 im Nordmeer im Einsatz gegen Geleitzüge und aus dem Kola-Fjord auslaufende Konvois. Nach dem 2. Weltkrieg übernahm die norwegische Marine nach gründlicher Überholung und Erprobung das Schiff am 6. Dezember 1952 als KNM „Kaura", bis es am 15. Dezember 1962 außer Dienst gestellt wurde. Als Norwegen dann das U-Boot in deutsche Hände zurückgeben wollte, war zunächst niemand bereit, es zu übernehmen – bis sich schließlich der Deutsche Marinebund der Angelegenheit annahm.

Höhe des Turmes über dem Meeresspiegel	85 m
Höhe des Turmes über der Grundplatte	75 m
Höhe des Turmes über dem Erdboden	67 m
Ehrenhalle/Historische Halle	
Länge	66,5 m
Breite	11,5 m
Höhe	5,0 m
Weihehalle	
Durchmesser	27 m
Höhe	6 m
Ehrenhof	
Länge	65 m
Breite	85 m
Größe des Ehrenmalgeländes	5,7 ha

Marine-Ehrenmal Laboe mit U-Boot U 995

Begrenzungsstein (Grenzstein) für das Gebiet des Reichskriegshafens Kiel bei Heidkate

U 995 war im Oktober 1965 nach Kiel überführt und dort, nachdem es einige Jahre stillgelegen hatte, in den Jahren 1970/71 im Marinearsenal mit großem technischen Verstand instandgesetzt worden entsprechend dem Bauzustand am Ende des 2. Weltkrieges. Am 13. März 1972 wurde das Schiff, an 2 großen Schwimmkränen hängend, durch die Förde von Kiel nach Laboe gebracht, wo es nun seinen Liegeplatz gefunden hat.

Das U-Boot vermittelt den jährlich in die Tausende gehenden Besuchern ein eindrucksvolles Bild von dem hohen technischen Stand der Schiffe, aber auch von den beengten Lebensverhältnissen, den Strapazen und der Belastung an Bord für die Besatzung, die dort tagaus, tagein zusammengepfercht leben und miteinander auskommen mußte.

Länge	67,23 m
größte Breite	6,20 m
Tiefgang	4,75 m
Gesamthöhe einschl. Turm	9,55 m
zulässige Tauchtiefe	200,00 m
Höchstgeschwindigkeit über Wasser	17,00 kn
Höchstgeschwindigkeit unter Wasser	7,60 kn
Fahrstrecke über Wasser	10 000 sm bei 7 kn
Fahrstrecke unter Wasser	130 sm bei 2 kn
Treibölvorrat	113,5 t
Besatzung	4 Offiziere, 37–44 Soldaten

Heidkate

Am Strand bei „Heidkate", des ehemaligen Schäferhauses des Hofes Fernwisch, steht in unmittelbarer Nähe der Gaststätte „Deichterrassen" ein ca. 80 cm hoher Begrenzungsstein aus Granit für das Kieler Kriegshafengebiet; er zeigt neben der eingemeißelten Inschrift „Grenze des Reichs-Kriegs-Hafens" (Vorderseite) über einem M (Marine) die Kaiserkrone (Rückseite), und es ist das einzige erhaltene Kennzeichen dieser Art.

Plön

Daß der frühere Sitz eines selbständigen Herzogtums mit seinem hoch über dem Großen Plöner See gelegenen Schloß eine mehr als 50jährige Tradition als Marinegarnison aufzuweisen hat, ist kaum bekannt. Die Stadt Plön und die „MUS“ (Marineunteroffiziersschule) sind dennoch seit fünf Jahrzehnten zwei eng miteinander verbundene Begriffe.

Mit dem Ausbau der deutschen Marine nach dem deutsch-britischen Flottenabkommen vom 18. Juni 1935 war eine gleichzeitige Intensivierung und Erweiterung des Ausbildungsbereiches verbunden. So erging 1936 der Befehl zum Bau einer neuen Ausbildungsstätte nahe der Stadt Plön, und bereits am 31. März 1938 konnte die neue Kasernenanlage Plön-Ruhleben mit der Aufstellung und dem Einzug der III. Marineunteroffizier-Lehrabteilung eröffnet werden. Knapp zwei Jahre lang diente sie als Ausbildungsstätte für einen qualifizierten Unteroffiziernachwuchs, dann hielt eine U-Boot-Ausbildungs-Abteilung ihren Einzug.

Nachdem in der letzten Phase des 2. Weltkrieges zunächst die Seekriegsleitung, dann das Oberkommando der Kriegsmarine und später das Oberkommando des Heeres ihren Sitz in das von Zerstörungen kaum betroffene Plön verlegt hatten, folgte zuletzt noch ein Teil der damaligen „Reichsführung“. Großadmiral Dönitz, der das vorbereitete Ausweichquartier mit Decknamen „Forelle“ bereits am 22. April 1945 bezogen hatte, leitete von hier aus als Nachfolger Hitlers die Geschicke des verbliebenen Rumpfstaates, bis er unter dem Druck der Verhältnisse am Abend des 2. Mai 1945 nach Flensburg-Mürwik (S. 109) auswich – knapp 3 Tage war der ruhige Marine-Standort Plön vorübergehender Sitz der letzten deutschen Reichsregierung gewesen.

Am 7. Mai 1945 wurde die Kaserne den vorrückenden britischen Truppen übergeben und im Sommer jenes Jahres Hauptquartier des britischen 8. Korps, das damals im Auftrag des Alliierten Kontrollrates Schleswig-Holstein besetzte. 15 Jahre wehte nun der Union Jack, die britische Nationalflagge, über dem idyllisch am Seeufer gelegenen Kasernengelände.

Mit der Aufstellung der Bundeswehr und dem Wiederaufbau einer deutschen Marine war auch die Einrichtung entsprechender Ausbildungsstätten erforderlich. So ordnete der Bundesminister für Verteidigung am 26. Mai 1956 auch die Aufstellung einer Marine-Unteroffiziersschule an, die nach einigen „Wanderjahren“ am 27. September 1960 in die Kaserne Ruhleben einrückte. Neben zahlreichen Schwierigkeiten des Aufbaues, von Um- und Neugliederung traten in den Folgejahren auch mannigfache Erfolge, die die Inspekteure der Marine bei ihren Besuchen in der Schule stets anerkannten.

Ein besonderer Tag im Erleben des Standortes Plön war der 23. April 1965, als hier der Bundesminister der Verteidigung v. Hassel an die Kommandeure sämtlicher Marinedienststellen die neuen Truppenfahnen übergab. Eine Parade der MUS beschloß das feierliche Zeremoniell.

Insel Fehmarn

„Niobe"-Denkmal auf der Insel Fehmarn

Unfern des kleinen Ortes Gammendorf auf der Insel Fehmarn unmittelbar am Ostseestrand mit ungehindertem Blick weit auf das Meer erinnert ein Granitfels auf einem Sockel an den Untergang des Segelschulschiffes „Niobe" am 26. Juli 1932, ein Ereignis, das seinerzeit auch in der Marine fernstehenden Kreisen mit Trauer und Betroffenheit aufgenommen wurde.

Die „Niobe" (Heimathafen Kiel) war der dritte Träger dieses Namens, im Jahre 1913 in Dänemark als Viermast-Gaffelschoner gebaut und 1922 von der Reichsmarine als Segelschulschiff angekauft worden. Nach dem Umbau 1923 auf der Reichswerft in Wilhelmshaven in eine Schonerbark wurde das 58 m lange und 9,2 m breite Schiff zur seemännischen Ausbildung von Offizier- und Unteroffizieranwärtern eingesetzt. Das Schiff unterstand der Inspektion des Bildungswesens der Marine in Kiel und unternahm von seinem Heimathafen aus mehrere Ausbildungsreisen in Nord- und Ostsee, nach Spanien und in die nordischen Länder.

An jenem 26. Juli 1932 lag die „Niobe" draußen auf See nördlich vor Fehmarn. Das Schiff hatte schon die Anker gelichtet, denn die Fahrt sollte in die östliche Ostsee weitergehen. „4 Wochen erst sind die Anwärter an Bord, junge frische noch seeunbefahrene Leute... Segelexerzieren ist angesetzt. Ein leichter Wind mit Stärke 2–3 läßt die See erwachen.

Gegen 14 Uhr passiert das Segelschulschiff im Abstand von ½ Seemeile mit südöstlichem Kurse über Backbord-Bug liegend das Feuerschiff. ‚Do X' passiert auf seiner Fahrt von Travemünde nach Kiel, sie winken sich zu. Kaum ist der Donner der Motoren verklungen, als im Süden über Fehmarn Gewitterwolken hochsteigen, dunkel drohend, Unheil bergend. Dem Kommandant wird gemeldet. Er läßt die Steuerbordwache ‚Klar zum Manöver' pfeifen. ‚Toppweise Obersegel bergen' schrillt der Befehl durch die Decks.

Unbeweglich steht die dunkle Wand im Süden. Unter Deck hat nach der Mittagspause die Backbordwache mit dem Unterricht begonnen.

Höher, unheimlicher steigt die Wetterwand im Süden, unbeweglich und lauernd. Die Steuerbordwache wird nach

dem Bergen der Obersegel fortgeschickt, Ölzeug zu holen. Plötzlich, aus heiterem Himmel ohne jedes Vorzeichen, heult es heran, schlägt die Faust eines Titanen mit unerhörter Wucht senkrecht von oben her in die zum Bersten stehenden Segel. Es ist, als ob ein Riese grauenhaft lächelnd mit den Spitzen seiner Finger aus der Wolke heraus die Mastspitzen berührte und das Schiff unwiderstehlich mit schnellem Ruck zum Kentern brächte. So wie man als Kind wohl an den Mast des Modellschiffs tippte, um zu sehen, wie weit es sich überlegen könnte, ohne zu kentern. Mitten in das Toben und Heulen des Windes, in das Klirren und Klingen des stehenden Gutes, in das Poltern und Prasseln über Stag gehender Dinge und Menschen im Innern des Schiffes, in das Brausen und Rauschen der plötzlich aufgewühlten See hallt ein Schrei, ein letzter Befehl: ‚Beide Wachen klar zum Manöver.'

Gleichzeitig ein Ruderkommando des Ersten Offiziers, der die Bö einfallen sah, umsonst: zu stark liegt das Schiff bereits über. Das weit aus dem Wasser stehende Ruder hat keine Wirkung mehr, der Segler luvt nicht mehr an. So außerordentlich schwer und plötzlich ist diese Gewitterbö, daß das Schiff mit einem Ruck nach der Backbordseite kentert und etwa 2 Minuten später gesunken ist, 69 Mann der Besatzung mit in die Tiefe reißend ... Eine Meile östlich vom Feuerschiff Fehmarnbelt auf 54 Grad 35,7 Nord und 11 Grad 11,2 Ost ist das Unglück passiert."

Nur 19 Mann, darunter der Kommandant des Schiffes, Kapitänleutnant Ruhfus, konnten noch an der Unfallstelle von den herbeieilenden Booten des nahen Feuerschiffes „Fehmarnbelt" und des gerade vorbeifahrenden Hamburger Dampfers „Therese Ruß" gerettet werden.

Das Wrack wurde 3½ Wochen nach dem Unglück von den Hebefahrzeugen „Wille" und „Kraft" in die Kieler Förde nach Heikendorf gebracht, um die Toten zu bergen, dann wieder in die Ostsee geschleppt und an der Unfallstelle durch Torpedotreffer versenkt.

Die vielen Toten fanden eine letzte Ruhestätte auf dem Nordfriedhof in Kiel (S. 60), wo der Stockanker des Segelschulschiffes nahe dem Gemeinschaftsgrab aufgestellt wurde. Unfern der Unglücksstelle am Strand der Insel Fehmarn bei Gammendorf errichtete man ein Jahr nach der Katastrophe ein Denkmal:

Segelschulschiff „Niobe", im Volksmund der „Schwan der Ostsee" genannt, an der Blücherbrücke (links der Signalturm) in Kiel, um 1930

Eckernförde, Gefion-Brunnen im Kurpark

Eckernförde und Hemmelmark

Stätten des Seegefechtes vom 5. April 1849

Die „Affaire von Eckernförde“, wie das Gefecht von Gründonnerstag des Jahres 1849 in zeitgenössischen Presseberichten gern bezeichnet wurde, erregte seinerzeit die Gemüter in allen deutschen und vielen europäischen Staaten. Heute ist dieses spektakuläre Ereignis weitgehend vergessen, nur noch einige Relikte und Denkmäler erinnern in der Ostseestadt an den Anfangserfolg deutscher Truppen im dänisch-deutschen Krieg von 1848/51.

Ein dänisches Flottenunternehmen richtete sich Anfang April 1849 gegen Eckernförde. Unter Führung des Kommandeurkapitäns F. A. Paludan erschien am 4. April ein Verband in der Eckernförder Bucht, bestehend aus dem Linienschiff „Christian VIII“, der Fregatte „Gefion“, der Korvette „Galathea“, zwei kleinen Raddampfern und 3 Seglern mit 250 Soldaten an Bord für eine Landeoperation. Die Stadt Eckernförde war durch 2 Landbatterien geschützt, die der preußische Artillerie-Leutnant Werner v. Siemens (S. 67), der spätere Mitbegründer und Teilhaber der Fa. Siemens & Halske, im Jahre 1848 angelegt hatte. Kommandeur der Schanzen war der ehemalige preußische Artillerie-Leutnant Eduard Jungmann, der zuvor als Schießlehrer bei den türkischen Truppen am Bosporus und Schwarzen Meer tätig gewesen war.

Am 5. April 1849 kam es zu einem heftigen Feuergefecht zwischen den beiden Strandbatterien und den dänischen Schiffen; gegen Abend mußten „Gefion“ und „Christian VIII“ die Flagge streichen. Das dänische Linienschiff, 1840 auf Nyholm in Kopenhagen vom Stapel gelaufen, war durch den Einsatz glühender Kugeln in Brand geraten; am späten Abend erreichte das Feuer die Pulverkammer des Schiffes, das mit großer Gewalt explodierte. Im Umkreis von mehreren hundert Metern waren Trümmer verteilt.

91 dänische Soldaten wurden getötet, über 900 Gefangene und 47 dänische Verwundete zunächst in der Stadt untergebracht, am nächsten Tag nach Rendsburg in Marsch gesetzt. Mit den dänischen Soldaten fand auch der schleswig-holsteinische Unteroffizier Theodor Preußer den Tod „bei der Rettung überwundener Feinde“.

Explosion des dänischen Linienschiffs „Christian VIII“ am 5. April 1849 vor Eckernförde
Zeichnung von Georg von Berg, 1849

Die Fregatte „Gefion“ wurde 1850 als „Eckernförde“ in die deutsche Reichsflotte, bei deren Auflösung im Jahre 1852 unter ihrem alten Namen als Schulschiff von Preußen übernommen und im Mai 1880 außer Dienst gestellt; sie lag die letzten Jahre in Kiel in der Nähe der Seeburg an der nach ihr benannten Gefionbrücke.

Im Eckernförder *Kurpark* bei der Schwimmhalle an der *Preußerstraße* erinnert auf dem Platz der ehemaligen *Süd(er)schanze* ein von 5 Kanonenkugeln bekrönter *Sandsteinobelisk* an das Ereignis von 1849.
Auf dem Weg durch den Kurpark in Richtung Stadt erreichen wir eine seit 1936 bestehende Brunnenanlage, den *„Gefionbrunnen“*, mit keramischem Schmuck und einer weiblichen Dreiviertelfigur über den Köpfen von 4 Meergöttern – es ist die Galionsfigur der „Gefion“, hier allerdings die aus Kunststoff gefertigte Kopie, denn das aus Eiche geschnitzte Original befindet sich seit 1984 in der Eingangshalle des neuen Eckernförder Rathauses.

Hinter der Schwimmhalle hat die lebensgroße *Sitzfigur*

Eckernförde, Denkmal auf der Süderschanze

Errichtet
1870
auf dem Platze
der von
Preußer
befehligten Südschanze,
600 Schritt von den Wellen
die
Christian VIII
Grabstätte decken

aus Sandstein des *Majors Jungmann* in schleswig-holsteinischer Uniform, auf ein Kanonenrohr gestützt, ihren Platz gefunden. Das Denkmal wurde 1862 von C. Pfeiffer als Grabmal geschaffen und hier 1954 von dem aufgelassenen Jacobi-Friedhof in Hamburg auf dem Alten Militärfriedhof aufgestellt.

Jungmanns Grab wurde seinerzeit auf den *Friedhof* an der Straße *„Mühlenberg"* verlegt, wo sich auch das *Grab Preußers,* ein kettenbehangener Sarkophag mit einem Kanonenrohr darauf, und die *dänische Grabanlage* für die Gefallenen von „Christian VIII" und „Gefion" befinden.

Im *Ortsteil Borby, Ecke Sauerstraße,* unmittelbar vor der Zufahrt zur Marinewaffenschule steht das *Denkmal* von der ehemaligen *Norderschanze,* ein Sandstein-Obelisk mit Wappen- und Waffenreliefs.

TVA und Erprobungsstelle 71

Nicht nur viele „blaue Jungs" prägen das Bild der alten Hafenstadt Eckernförde, sondern in ganz besonderem Maße auch ein „Unternehmen" an der B 76 am südlichen Ortseingang, allgemein nur als „Te-Vau-A" bezeichnet.

Mit dem Bau eines Torpedoschießstandes im Jahre 1912 und den dazu notwendigen Werkstätten im Auftrag der Kaiserlichen Torpedowerkstatt Friedrichsort begann für Eckernförde eine Entwicklung, die über Jahrzehnte das Wirtschaftsleben der kleinen Ostseestadt prägen sollte. Nach dem 1. Weltkrieg wurden auf Anordnung der Reichsmarineleitung die Anlagen zur *Torpedoversuchsanstalt (TVA)* ausgebaut, die sich bis 1933/35 zu einem mittleren Betrieb mit ca. 250 Mann Belegschaft entwickelte; Handwerk und Geschäftswelt des Ortes profitierten vom Ausbau und Unterhalt der Werkstätten, dem Neubau von Wohnungen für die Betriebsangehörigen.

Nach 1935 erfolgte eine rasche Entwicklungsphase mit der Vergrößerung der Werkstätten der nunmehrigen TVA-Süd, der Einrichtung eines Zweigbetriebes am nördlichen Stadtrand, der TVA-Nord, und im Jahre 1939 eines zweiten Zweigbetriebes am Südufer der Eckernförder Bucht in Surendorf. Bis 1939 wuchs die Personalstärke auf 1000

Eckernförde, Sandsteindenkmal Jungmann

Personen, Anfang 1945 betrug sie ca. 5000 Personen, zu denen noch weitere ca. 500 Personen in Zulieferbetrieben zu zählen sind. Um diese Personalstärke wohnungsmäßig unterbringen zu können, entstanden im Laufe der Jahre mehrere Barackenlager: 1938 Rendsburger Lager, 1939 Sandkrug- und Domstaglager, 1940 Lager Louisenberg.

Mit Kriegsende 1945 wurden die Torpedoversuchsanstalten geschlossen, die Liegenschaften teilweise von gewerblichen Betrieben, die Lager auch als Notunterkünfte für Flüchtlinge und Vertriebene genutzt. Viele technische Arbeitskräfte der ehemaligen TVA – Ingenieure, Maschinisten, Heizer, Metallarbeiter – waren nun, da nicht mehr gebraucht, z. T. mehrere Jahre arbeitslos.

Als dann im Jahre 1957 die *Erprobungsstelle 71 der Bundeswehr,* die zum zivilen Bereich des Bundesverteidigungsministeriums gehört und dem Bundesamt für Wehrtechnik und Beschaffung untersteht, gegründet wurde und die früheren Anlagen übernahm, lebte bald auch die 1945 nahezu zerstörte Eckernförder Wirtschaft erheblich auf. Mit ca. 900 Bediensteten ist diese Bundeswehr-Dienststelle heute der größte technische Betrieb der Stadt, insgesamt zählen 1400 Mitarbeiter zu dem über 10 Liegenschaften an Nord- und Ostsee verteilten „Unternehmen".

Entsprechend der Vielschichtigkeit der Aufgaben ist eine Vielzahl von technischen Fachrichtungen vertreten: Schiff-, Maschinen- und Waffenbau, Elektrotechnik, Elektronik, Munitionswesen, Hochfrequenz-(Fernmelde- und Radar-) und Sonartechnik, Informatik und EDV-gestützte Simulation. Die Dienststelle verfügt über mehrere Werkstätten, mehrere Erprobungs- und Spezialschiffe, einen umfangreichen Kfz-Park, ein eigenes Konstruktionsbüro, zahlreiche durch Prozeßrechner gesteuerte Versuchs- und Meßeinrichtungen.

Mausoleum Hemmelmark

Nordwestlich der Gutsanlage von *Hemmelmark* inmitten weiter Ackerflächen liegt auf einer kleinen Anhöhe eine Kapelle im russisch-byzantinischen Stil, das Mausoleum, das 1904 Prinz Heinrich von Preußen seinem jüngsten Sohn gleichen Namens errichten ließ. Hier haben dann auch er und seine Frau Irene ihre letzte Ruhestätte gefunden.

In seinem Buch über den „Großadmiral im Schatten des Kaisers" schreibt Harald Eschenburg: „Den Trauerzug führte der Marineverein ‚Prinz Heinrich v. Preußen' an, gefolgt von der Lafette, die von zwanzig Seeoffizieren gezogen wurde. Drei Kilometer lang war das Geleit, das durch Regen und Schlamm sich der Bahre anschloß. Der Chef der Marineleitung, Admiral Raeder, vertrat den Reichswehrminister. Im Nachruf würdigte Groener die Verdienste des Prinzen um den Aufbau der Kaiserlichen Marine und als Oberbefehlshaber der Seestreitkräfte der Ostsee im Kriege."

Flensburg

Marineschule Mürwik

Die Marineschule Mürwik ist die zentrale Ausbildungsstätte der deutschen Marineoffiziere; sie war am Ende des 2. Weltkrieges für eine kurze Zeitspanne zudem letztes militärisches und politisches Führungszentrum des in einem Inferno untergehenden Deutschen Reiches.

Mit ihrer 200 m langen, der Wasserseite zugewandten Front, die von dem wuchtigen hohen Mittelturm über einem breiten Staffelgiebel überragt wird, beherrscht der rote Backsteinbau auf dem Steilufer die Flensburger Förde und erinnert an die historischen (Ordens-)Bauten in Ostpreußen. „Wenn auch die Marienburg des Deutschen Ritterordens einen besonderen Einfluß auf den Architekten ausübte, so ist sein Werk, indem er Einzelmotive und Details nach eigenem Können gestaltete, doch mehr als nur bloße Nach-

Marineschule Flensburg-Mürwik, Hauptbau, Seeseite

Marineschule Flensburg-Mürwik, Galionsfigur des SMS „Vineta“

ahmung älterer Stile“, urteilt die Landesbauverwaltung Schleswig-Holstein über das in seinem Zusammenklang von Größe, Lage und Gestaltung wohl zumindest in Schleswig-Holstein einmalige Bauwerk.

Der Ausbau der kaiserlichen Flotte um die Jahrhundertwende und der damit verbundene verstärkte Nachwuchsbedarf an Marineoffizieren machte ein Gebäude notwendig, das den gewachsenen Anforderungen auch in Umfang und Vielfalt der Ausbildung entsprach. So wurde in den Jahren 1907–1910 auf Anregung des Staatssekretärs des Reichsmarineamtes, Admirals v. Tirpitz, auf einem 15 ha großen Waldgelände im damaligen Vorort Mürwik, das die Stadt Flensburg kostenlos zur Verfügung gestellt hatte, nach Plänen des Geheimen Marineintendantur- und -baurates Adelbert Kelm das großzügig angelegte Gebäude im neugotischen Stile mit Bootshafen und Schwimmanstalt errichtet. Am 1. Oktober 1910 wurde die Marineschule Mürwik mit der Verlegung der Offizieranwärter des Jahrgangs 1909 von Kiel nach Flensburg ihrer Bestimmung übergeben. Kaiser Wilhelm II. weihte das neue Ausbildungszentrum am 21. November 1910 feierlich ein.

Nach dem Zusammenbruch des Deutschen Reiches im November 1918 stellte die Marineschule ihre Unterrichtstätigkeit ein. Britische Truppen, die mit französischen Einheiten den Ablauf der Volksabstimmung in der I. und II. Zone des Abstimmungsgebietes (Nord- und Mittelschleswig) der Provinz Schleswig-Holstein überwachen und sichern sollten, zogen zunächst in das leerstehende Gebäude ein, denn die Marineschule lag in der von deutschen Truppen zu räumenden II. Zone. Als die Entscheidung gefallen war, daß auch der Flensburger Raum bei Deutschland verblieb, nahm die Marineschule den Ausbildungsbetrieb wieder auf – im Herbst 1920 zogen erneut Kadetten in Mürwik ein. Außer der See-Offiziersausbildung fanden hier nun auch die Lehrgänge für Unteroffiziere der Steuermann-, Bootsmann- und Zimmermannlaufbahn statt. Im Jahre 1922 wurden zusätzlich die Lehrgänge für Leibesübungen angegliedert, die den Bau einer zweiten Turnhalle und eines weiteren Sportplatzes (1923) erforderlich machten.

Mit der Wiedereinführung der Wehrpflicht im Jahre 1935 und der Verstärkung des Kriegsschiffbau-Programmes nahm die Stärke der Jahrgänge wieder zu. 1937 wurden die Sport-

schule mit Reitstall und ein weiterer Sportplatz gebaut, der Bootshafen wurde erweitert, eine neue Freibadeanstalt entstand, 1938 kam ein Maschinenübungsgebäude für Werkstättenlehrgänge hinzu – die Marineschule Mürwik zählte zu den größten militärischen Ausbildungsstätten.

In den letzten Kriegstagen im Jahre 1945 kam die Ausbildung der Offizieranwärter zum Erliegen, die jungen Soldaten wurden mit ihren Ausbildungsoffizieren größtenteils zum infanteristischen Einsatz an die Fronten des verbliebenen Reichsgebietes geschickt. In diesen Tagen des Chaos und Untergangs rückte die Marineschule für drei Wochen in das Licht der Weltgeschichte.

In der Nacht vom 2. zum 3. Mai 1945 verlegte der von Hitler zu seinem Nachfolger als Reichspräsident und Oberbefehlshaber der Wehrmacht bestimmte Großadmiral Karl Dönitz den Regierungssitz nach Flensburg, das weitgehend vom Krieg verschont geblieben war; die Marineschule wurde zur Zentrale des in den letzten Zügen liegenden Deutschen Reiches. Die „geschäftsführende Reichsregierung“ organisierte von hier aus die „Rettung über See“, den Einsatz von Einheiten der Kriegsmarine zur Rettung der Zehntausenden von Flüchtlingen und Verwundeten aus den Ostprovinzen über die Ostsee.

Britische Panzer umstellten am 23. Mai 1945 das Gebäude; Großadmiral Dönitz und seine Regierungsmitglieder sowie der Stab des Oberkommandos der Wehrmacht wurden verhaftet und abtransportiert – der Schlußakt für eine Diktatur war vollzogen.

Die noch in den letzten Kriegstagen zum Lazarett erklärte Marineschule diente weiterhin als Krankenhaus und auch als Notunterkunft für die zahlreichen, Schleswig-Holstein überflutenden Flüchtlinge. Ab Frühjahr 1946 wurde zudem in einem Teil des Gebäudes die neugegründete Pädagogische Hochschule Flensburg provisorisch untergebracht, ab 1949 ein anderer Flügel des Gebäudes als Zollschule genutzt, und nach Verlegung des Krankenhauses diente der Südflügel als Unterkunftsgebäude für Studierende der PH Flensburg. In anderen Kasernenteilen des Areals waren britische, danach norwegische Truppen stationiert, bis 1952 der neuaufgestellte Bundesgrenzschutz hier Quartier bezog bzw. das nach Flensburg verlegte Kraftfahrt-Bundesamt einzog.

Mit der Aufstellung neuer deutscher Streitkräfte in der

Marineschule Flensburg-Mürwik, Portal

Bundesrepublik Deutschland, der Bundeswehr, begann ein neuer Abschnitt in der bewegten Geschichte der Marineschule. Im Herbst 1956 wurde die Marineschule offiziell als Ausbildungsstätte für Offizieranwärter (wieder-)eröffnet; sie dient nunmehr wieder als Mittelpunkt der Marineoffiziersausbildung.

An der Wache Kelmstraße begrüßt den Besucher seit Spätherbst 1989 eine Nachbildung der Galionsfigur des Segelschulschiffes „Gorch Fock" der Bundesmarine; die Nachbildung fertigte der Bildhauer Heinrich Schroeteler, der 1958 bereits das Original geschaffen hatte.

Wehrgeschichtliches Ausbildungszentrum

Am 30. April 1958 erteilte das Bundesverteidigungsministerium den Auftrag, Traditionsgegenstände zu einer marinegeschichtlichen Lehrausstellung zusammenzutragen. Zwar hatten bis zum Kriegsende 1945 eine Traditionssammlung in der Marineschule und eine sehr umfangreiche Kriegsmarine-Ausstellung im Museum für Meereskunde in Berlin existiert, doch waren die Sammlungsstücke in den Wirren der letzten Kriegstage untergegangen und in alle Winde zerstreut. Aufrufe und Anzeigen in Marinezeitschriften brachten Ende der 1950er Jahre viele Erinnerungsstücke in die Marineschule zurück, wo aus ihnen die „Historische Sammlung" entstand. Bis zur Eröffnung des Deutschen Schiffahrtsmuseums in Bremerhaven im Jahre 1974 war diese Sammlung die einzige Einrichtung, die in Form einer musealen Darstellung an die Geschichte und Entwicklung der deutschen Marinen erinnerte. Die Sammlung konnte in der Folgezeit aufgrund der zahlreich eingehenden Schenkungen und Stiftungen mehrfach erweitert werden.

Das „Wehrgeschichtliche Ausbildungszentrum der Marineschule Mürwik" dient heute nach offizieller Lesart „dem Ziel, den Offiziersanwärtern und Offizieren im Rahmen ihrer Ausbildung die verschiedenen Epochen und Abschnitte der deutschen maritimen Vergangenheit zu verdeutlichen und sie in bezug auf ihren Beruf als Marineoffizier zu motivieren. Darüberhinaus dient sie der Pflege der Tradition in der Marine und der Aufklärung der Öffentlichkeit über die maritimen Interessen Deutschlands in Vergangenheit und Gegenwart." Zu den Beständen gehören neben den Ausstellungsstücken ein umfangreiches Archiv mit Ranglisten und Spezialliteratur sowie eine Sammlung von Schiffsfotos, Karten und Dokumenten.

Das Wehrgeschichtliche Ausbildungszentrum umfaßt zahlreiche Schiffsmodelle, Uniformen und Uniformstücke, Orden und Ehrenzeichen verschiedener Epochen, die Bugzier des Radavisos „Preußischer Adler" (1848), der unter Korvettenkapitän Klatt am Seegefecht bei Helgoland am 9. Mai 1864 (S. 118) teilgenommen hatte, die Galionsfiguren des Segelschulschiffes SMS „Vineta" (Indienststellung 1863) und des Kadettenschulschiffes SMS „Niobe" (Stapellauf 1853 in Portsmouth, 1862–1890 Schulschiff der preußischen Marine); die Schiffsglocke des Linienschiffes SMS „Pommern" (1905–1916) hängt im Treppenhaus des Hauptgebäudes.

In den verschiedenen Räumen der Marineschule sehen wir die Bronzebüsten mehrerer Admirale, darunter die von Konteradmiral Rudolf Brommy (Oberbefehlshaber der Deutschen Bundesflotte 1849–1853). Es sind mehrere Gemälde des Marinemalers Claus Bergen, historisch bedeutsame Flaggen und Kommandozeichen von der preußischen Kriegsflagge bis zur Bundesdienstflagge ausgestellt. Zur Wasserseite stehen vor dem Gebäude mehrere alte Geschützrohre, Mörser und Kanonen, neben dem Flaggenmast ein Geschütz aus der Feste Groß-Friedrichsburg (im heutigen Ghana) des Großen Kurfürsten.

Die Sammlungen umfassen auch die älteste deutsche maritime Vergangenheit mit der Hanse, die verschiedenen deutschen Marinen (Kurbrandenburgische Flotte 1618–1688, Deutsche Bundesflotte 1848–1853, Schleswig-Holsteinische Marine 1848–1852, preußische Marine), die Entwicklung des Kriegsschiffbaues und Sondergebiete wie z. B. Marineinfanterie, -flieger, -sanitätsdienst und -seelsorge an Bord.

Büsum

An der schleswig-holsteinischen Nordseeküste werden wir an zwei Orten an die Schleswig-Holsteinische Marine der Jahre 1848–1852 erinnert. Doch galt ihr Augenmerk nicht wie bei der späteren Kaiserlichen Marine den Großkampfschiffen, sondern entsprechend den geographischen Bedingungen Küstenschutz und -verteidigung.

Auf dem Alten Friedhof an der Bahnhofstraße in Büsum liegt eine von einer Ligusterhecke umgebene Grabanlage; der 1,20 m hohe Stein trägt eine Kugel auf der Spitze und die eingelegte weiße Platte die Inschrift:

Grabstätte
für
die im Seegefecht vor
der Eider am 19. Sept. 1850
gefallenen Marinesoldaten
H.E. Dütsch
G.A.E. Gerber
G.F.H. Blunk
G.H. Eckhoff

Anfang Juli 1850 wurde auch die Schleswig-Holsteinische Marine mobilgemacht und deren Westsee-Division, bestehend aus dem Dampfschiff „Kiel" und den Kanonenbooten 4, 8 und 11, unter dem Kommando von Leutnant z. S. II. Kl. Hensen von Kiel zur Insel Föhr verlegt zum Schutze der Festlandküste. Die „Kiel" ging jedoch bald wieder zur Eider zurück, da sie wegen des großen Tiefgangs nicht überall operieren konnte.

Am 17. September 1850 kam es im Bereich der nordfriesischen Inseln zu einem einstündigen Seegefecht mit dänischen Kanonenbooten und dem Dampfschiff „Geyser", in dessen Verlauf 4 Matrosen getötet wurden. Die Westsee-Division umschiffte, ohne daß der überlegene Feind folgte, die Westküste von Eiderstedt und langte am 18. September in Büsum an. „Hier wurden am 19. die Todten, nachdem in der Kirche an den aufgestellten Särgen der Prediger gesprochen, unter drei Gewehrsalven zur Erde bestattet."

Kronprinzenkoog

In der flachen herben Marschlandschaft erreichen wir in der Gemeinde Kronprinzenkoog den Friedhof an der Kirchenstraße. Eine gotische Spitzsäule mit dem schleswig-holsteinischen Wappen und einer weißen Marmortafel weist auf das Grab hin:

Hier ruht die Mannschaft
des Schlesw.Holst.
Kanonenboots No 8
am 9. Nov. 1850 vor der Elbe
gescheitert

Auf der Rückseite:

Gewidmet
von Marne u. d. Kögen

Es war die schwerste Schiffskatastrophe, die die kleine Schleswig-Holsteinische Marine in der kurzen Zeit ihres Bestehens traf.

Der Verein Schleswig-Holsteinischer Kampfgenossen von 1848–51 beauftragte 1865 den in Marne geborenen, in Kiel lebenden Bildhauer A. Müllenhoff mit der Schaffung eines Denkmals auf dem Grab der ertrunkenen Seeleute. „Zur Einweihungsfeier am 13. Mai 1866 waren sämtliche Kampfgenossenvereine Süderdithmarschens und die Familien der Verunglückten eingeladen. Vereine aus Burg, Meldorf, Brunsbüttel, Süderhastedt u. a. Orten nahmen an der Feier teil; aus Burg kamen z. B. 85 Kampfgenossen auf 30 Wagen. Der Zug ging vom Marner Marktplatz unter zahlreicher Beteiligung mit florumhüllten Fahnen nach dem Kirchhof in Kronprinzenkoog hinaus… Drei Gewehrsalven brachten den Tapferen den letzten militärischen Gruß."

Die Westsee-Division der Schleswig-Holsteinischen Marine verließ Büsum am 3. November 1850 und geriet wenig später in einen starken Herbststurm. In der Nacht vom 8. auf den 9. November 1850 trieb der Sturm das Kanonenboot Nr. 8 ab und brachte es in der Elbmündung beim Norder-Maxqueller – dem heutigen Kaiser-Wilhelm-Koog – zum Kentern. Die gesamte Besatzung von 47 Mann einschließlich Lotsen ertrank.

Kronprinzenkoog, Friedhof, Massengrab für die Toten des Schleswig-Holsteinischen Kanonenboots Nr. 8, gekentert vor der Elbe am 9. November 1850

Helgoland

Auf dem „Friedhof der Namenlosen“ auf der Düne erinnert ein Findling mit aufgelegter Marmorplatte

Zum Gedenken an die Toten, die bei
der Seeschlacht vor Helgoland
die am 9. Mai 1864 zwischen
Österreich/Preussen unter der
Führung von Admiral v. Tegetthoff
und Dänemark geführt wurde,
ihr Leben ließen.

an jene Seeschlacht bei Helgoland im zweiten dänisch-deutschen Krieg. Dieses Seegefecht markiert zugleich einen historischen Endpunkt, denn zum letzten Mal standen sich hier Holzschiffe in einem größeren Kampf auf offenem Meer gegenüber.

Bereits zu Kriegsbeginn 1864 blockierte die dänische Flotte auch die Elbmündung mit der Zufahrt nach Hamburg. Da die preußischen Seestreitkräfte nicht allein in der Lage waren, den freien Zu- und Abgang sicherzustellen, erhielt ein österreichisches Geschwader den Befehl, in die Nordsee abzugehen, um die Flanke der Armee zu decken und die Blockade von See her zu brechen. In der Nähe von Rhodos erreichte den jüngsten Linienschiffskapitän (Oberst) der österreichischen Kriegsmarine, Wilhelm von Tegetthoff, die Nachricht vom Kriegsausbruch und der Befehl, in die Nordsee vorzustoßen.

Auf dem Wege nach Cuxhaven vereinigte sich das kleine österreichische Geschwader bei der Insel Texel vor der holländischen Küste mit den drei preußischen Schiffen „Preußischer Adler“, „Blitz“ und „Basilisk“, die jedoch keine besondere Verstärkung waren, da sie zu langsam fuhren und nur 6 Kanonen mit sich führten. Tegetthoff erreichte mit seiner österreichisch-preußischen Abteilung am 4. Mai 1864 Cuxhaven, ohne den Feind bisher gesichtet zu haben, setzte aber alles daran, um die Dänen so bald wie möglich zum Kampf zu zwingen. Nach vergeblichen Kreuzfahrten erhielt Tegetthoff am Morgen des 9. Mai in Cuxhaven, das er zur Kohlenaufnahme angelaufen hatte, die Meldung, der Feind wäre bei Helgoland gesichtet worden, und

Das Seegefecht vor Helgoland am 9. Mai 1864, v. l. n. r.: „Heimdal“, „Jylland“, „Niels Juel“, „Radetzky“, „Schwarzenberg“, „Adler“, Basilisk“ und „Blitz“

sofort lief er wieder mit Kurs auf die Insel aus, wo gegen 11.00 Uhr vormittags die Dänen tatsächlich in Sicht kamen. Es handelte sich um das Nordseegeschwader unter Kommodore Suenson, bestehend aus den Fregatten „Niels Juel“, „Jylland“ und der Korvette „Heimdal“.

Das Kräfteverhältnis war für die Dänen sehr günstig, denn von ihren 102 Geschützen hatten 26 gezogene Rohre gegenüber 80 glatten und 8 gezogenen Geschützen auf österreichisch-preußischer Seite, wo nur die österreichischen Schiffe, die Fregatten „Radetzky“ und „Schwarzenberg“, zum Seegefecht sich eigneten. Trotzdem ließ Tegetthoff seine Schiffe unverzüglich gefechtsklar machen und steuerte in voller Fahrt auf den Gegner zu; auf der „Schwarzenberg“ wurde das Signal gehißt „Unsere Armeen haben Siege erfochten, tun wir das Gleiche!“ Die Dänen liefen im Gegenkurs Richtung Südost, und als sie sich gegen 14.00 Uhr auf zwei Seemeilen genähert hatten, eröffnete die „Schwarzenberg“ das Gefecht.

Die entscheidende Wende in dem mörderischen Artillerieduell, das sich die beiden Geschwader auf einer Distanz von ca. 200–300 m lieferten, kam gegen 16.00 Uhr, als die

„Schwarzenberg" in Brand geschossen wurde und sich Tegetthoff daher entschloß, das Gefecht abzubrechen. Die „Radetzky" legte sich vor die „Schwarzenberg" und deckte den Rückzug. Da durch einen Treffer in den Steuerapparat der „Jylland" das Schiff manövrierunfähig geworden war, entschloß Suenson sich, die Österreicher nicht zu verfolgen – weiter aufeinander feuernd, gerieten die beiden Geschwader langsam außer Schußweite.

Die österreichischen und preußischen Schiffe suchten die neutralen Gewässer des damals noch englischen Helgolands auf, wo es erst gegen Mitternacht gelang, das Feuer auf der „Schwarzenberg" zu löschen. Das Schiff hatte nicht weniger als 95 Treffer erhalten. 36 Tote und 80 Verwundete zählte die ursprünglich ca. 500 Mann starke Besatzung, die Verluste auf der „Radetzky" betrugen 5 Tote und 24 Verwundete; demgegenüber hatten die Dänen lediglich 14 Tote und 50 Verwundete zu beklagen. Nachdem die österreichischen Schiffe notdürftig instandgesetzt worden waren, befahl Tegetthoff die Rückkehr nach Cuxhaven, wo das Geschwader um 4.00 Uhr morgens am 10. Mai eintraf.

Cuxhaven

Grabdenkmal für die Toten der Seeschlacht vor Helgoland am 9. Mai 1864 auf dem Ritzebütteler Friedhof in Cuxhaven

Die Gefallenen des Seegefechtes bei Helgoland wurden am 11. Mai 1864 auf dem Ritzebütteler Friedhof in Cuxhaven zur letzten Ruhe gebettet, die Verwundeten nach Hamburg gebracht. Zwei Jahre nach dem Seegefecht, am 9. Mai 1866, wurde das heute noch stehende Denkmal, von Kaiser Franz Joseph gestiftet, eingeweiht. Es ist ein Werk des Hamburger Architekten Martin Haller, der dafür vom Kaiser die Große Goldene Medaille für Kunst und Wissenschaft erhielt. Ankerketten und Kanonenkugeln stammen von der „Schwarzenberg".

In den Folgeerscheinungen des Zweiten Weltkrieges wurde das Denkmal vergessen, es verrostete und war dem Verfall preisgegeben. Auf Veranlassung des Vorsitzenden des „Verein der Österreicher" in Hamburg wurde es dann 1960 mit einem Kostenaufwand von ca. 1700,– DM restauriert, und als im Sommer 1975 Diebe den krönenden Doppeladler vom Denkmal stahlen, ließ die Stadt Cuxhaven eine Neugestaltung des Adlers von dem Cuxhavener Bildhauer Prof. F. Rotter anfertigen.

Die Gedenkstätte auf dem Ritzebütteler Friedhof in Cuxhaven entwickelte sich zu einem Platz deutsch-österreichischer Begegnung, denn alljährlich gedenken Angehörige der Marinekameradschaft „Tegetthoff" aus Graz, Vertreter der Republik Österreich – z. B. 1983 eine Abordnung der Theresianischen Militärakademie aus Wiener Neustadt – die Marinekameradschaften und die Stadt Cuxhaven jenes Ereignisses, das den Ruhm Tegetthoffs begründete, aber auch den freien Handel auf Elbe und Weser wiederherstellte.

Umgeben von mit Kanonenkugeln gekrönten und Ketten verbundenen Pfeilern steht ein 4,20 m hoher Obelisk mit einem Doppeladler auf der Spitze, mit vielfachem Zierrat – wir lesen die Namen von 51 Gefallenen der k. k. österreichischen Fregatten „Schwarzenberg" und „Radetzky". Die in ihrer Gestaltung verwandten Grabmäler in Hamburg-Altona und Cuxhaven sind typische Beispiele ihrer Zeit für monumentale Kriegerehrungen, die die humanitäre Bedeutung des Grabmals als Sinnzeichen der Trauer, des Wechsels um Leben und Tod nicht mehr wiedergeben.

Denkmal für die Altona verstorbenen Seeleute aus der Seeschlacht vor Helgoland am 9. Mai 1864 in Hamburg-Altona, Elbanlagen

Hamburg-Altona

Während die Gefallenen des Seegefechtes bei Helgoland (S. 118) am 11. Mai 1864 in Cuxhaven (s. S. 121) bestattet wurden, überführte die österreichische Marine die Verwundeten nach (Hamburg-)Altona, wo man für sie im Waisenhaus in der Königstraße ein Lazarett einrichtete. Die im Lazarett verstorbenen Soldaten wurden auf dem Begräbnisplatz der katholischen St. Joseph-Kirche in (Hamburg-) Altona beerdigt.

Ein in Altona und Hamburg gebildetes Bürgerkomitee sammelte im Sommer 1864 Geld für ein Grab-Denkmal, das am 28. August 1865 vor dem Waisenhaus in der Königstraße eingeweiht wurde. Der Entwurf stammte von Martin Haller und W. B. Behrmann, die Steinmetzarbeiten führten Klein und Reher aus, die Gußarbeiten Lauchhammer.

1958 wurde das Denkmal an seinen jetzigen Standort in den *Elbanlagen* bei dem Gebäude *Palmaille 45* am hohen Elbuferweg versetzt. Es ist eine Sandsteinstele mit einem Kreuz auf der Spitze, Doppeladler mit Wappenkartusche und vielfachem Zierrat.

Zeittafel

Diese Chronik nennt nur die Daten und Ereignisse, die im Rahmen dieses Bandes aus schleswig-holsteinischer Sicht für die Geschichte des militärischen Teils der deutschen Seefahrt bedeutsam sind oder in Verbindung zu den (Gedenk-)Stätten stehen. Das Literaturverzeichnis enthält Hinweise auf umfassendere Darstellungen und Chroniken zur kriegsmaritimen und Seefahrtsgeschichte.

1848

24. 3. (–März 1851)	Schleswig-holsteinische Erhebung/1. dänisch-deutscher Krieg
	Gründung u. Aufbau der Schleswig-Holsteinischen Marine
1. 5.	Prinz Adalbert v. Preußen veröffentlicht seine „Denkschrift über die Bildung einer Deutschen Kriegsflotte“
29. 6.	Erzherzog Johann von Österreich zum Reichsverweser ernannt
	Bildung einer Reichsregierung mit Reichshandels- und Marineminister Duckwitz
15. 10.	Bildung der „Reichsflotte“ mit Übernahme von 3 Radkorvetten in Hamburg durch die Marineabteilung der Reichsregierung
30. 10.	Errichtung der Seekadettenschule der Schleswig-Holsteinischen Marine in Kiel durch die Marinekommission der „Gemeinsamen Regierung“

1849

5. 2.	Indienststellung des schleswig-holsteinischen Kanonenbootes „v. d. Tann“, des ersten Dampfschraubenkanonenbootes in Deutschland, auf der Werft Hilbert in Kiel
5. 4.	Gefecht bei Eckernförde – Explosion des dänischen Linienschiffes „Christian VIII“ und Einnahme der Fregatte „Gefion“
11. 5.	Gefecht zwischen 7 schleswig-holsteinischen und 3 dänischen Kriegsschiffen in der Kieler Förde vor Bülk

	17. 6.	Gefecht von 4 schleswig-holsteinischen Kanonenbooten und dem Kriegsdampfer „Löwe“ mit dem dänischen Kriegsdampfer „Skjold“ in der Kieler Förde vor Bülk
1850	19. 7.	Seegefecht zwischen 2 schleswig-holsteinischen und 5 dänischen Kanonenbooten vor Heiligenhafen – Dänen zum Rückzug gezwungen
	21. 7.	Gefecht vor Neustadt/H. zwischen dem schleswig-holsteinischen Dampfschraubenkanonenboot „v.d. Tann“ und den dänischen Schiffen „Valkyrien“ und „Hekla“; „v.d. Tann“ gerät auf Grund und wird von der Besatzung verlassen
	5. 9.	Seegefecht von 2 schleswig-holsteinischen Kanonenbooten mit 4 dänischen und 1 Kriegsdampfer vor Heiligenhafen – Dänen zum Rückzug gezwungen
	16./17. 9.	Seegefecht zwischen der Schleswig-Holsteinischen Westsee-Division und mehreren dänischen Kriegsschiffen bei den nordfriesischen Inseln – Dänen zum Rückzug gezwungen
	9. 11.	Untergang des schleswig-holsteinischen Kanonenbootes Nr. 8 in der Elbmündung; 48 Tote
	8. 12.	Stapellauf des ersten deutschen Tauchbootes, des „Brandtaucher“, von Wilhelm Bauer bei der Eisengießerei Schweffel & Howaldt in Kiel
1851	1. 2.	Untergang des „Brandtaucher“ bei Tauchversuch im Kieler Hafen
1852	4. 3.	Übergabe der Schleswig-Holsteinischen Marine (Schiffe, Einrichtungen und Material) an die dänische Marine
	2. 4.	Bundestag in Frankfurt/M. beschließt Auf-

lösung der „Reichsflotte" – Fregatten „Gefion" und „Barbarossa" gehen in den Besitz des Königreiches Preußen über

1864

1. 2.–30. 10. (2.) Dänisch-deutscher Krieg

9. 5 Seeschlacht bei Helgoland zwischen einem österreichisch-preußischen Geschwader unter Linienschiffskapitän Tegetthoff und dem dänischen Nordseegeschwader unter Kommodore Suenson.

1865

24. 3. Kiel wird preußischer Kriegshafen

24. 6. Marinestation der Ostsee, die Flottenstammdivision, 1. und 3. Kompanie des Seebataillons von Danzig nach Kiel verlegt

14. 8. Vertrag von (Bad) Gastein
Preußen erhält Hoheitsrechte über den Kieler Hafen

23. 8. Preußen erwirbt die Seebadeanstalt Düsternbrook in Kiel

1866

1. 7. Aufstellung der preußischen 3. See-Artillerie-Kompanie in (Kiel-)Friedrichsort

1. 11. Eröffnung der Marineschule in Kiel als Nachfolgerin des Seekadetten-Instituts in Berlin

1867

1. 7. Inkrafttreten der Verfassung des Norddeutschen Bundes
Die preußische Marine wird Bundesmarine unter preußischem Befehl

1869

18. 11. Marinedepot in Kiel in eine Werft umgewandelt

1871

18. 1. Errichtung des Deutschen Reiches
Die Bundesmarine (des Norddeutschen Bundes) wird „Kaiserliche Marine"

1872	5. 3.	Errichtung der Marine-Akademie in Kiel
	22. 10.	Neuaufstellung der Schiffsjungen-Abteilung in (Kiel-)Friedrichsort
1882	8. 10.	Einweihung der Paulus-Kirche, der ersten Marine-Garnisonkirche in Kiel, am Niemannsweg
1887	3. 6.	Grundsteinlegung zum Nord-Ostsee-Kanal durch Kaiser Wilhelm I.
1888	6. 10.	Eröffnung des Neubaues der Marineakademie (heutiges Landeshaus) in Kiel
1895	20. 6.	Eröffnung des Nord-Ostsee-Kanals durch Kaiser Wilhelm II.
1900	5. 2.	Marine-Akademie und Marineschule organisatorisch voneinander getrennt
1906	4. 8.	Stapellauf des ersten (einsatzfähigen) U-Bootes der Kaiserlichen Marine „U 1" auf der Germania-Werft in Kiel
	14. 12.	Indienststellung des ersten U-Bootes „U 1"
1907	1. 4.	Eröffnung der neuen Schiffsartillerie-Schule in Sonderburg
	1. 12.	Einweihung der evangelischen Marine-Garnisonkirche, der Petrus-Kirche, in Kiel
1909	31. 3.	Einweihung der katholischen Marine-Garnisonkirche in Kiel, der St. Heinrich-Kirche, an der Feldstraße

26. 9.	Bildung einer U-Boot-Flottille, einer U-Boot-Kompanie und einer U-Boot-Schule in Kiel	**1910**
21. 11.	Einweihung des Neubaues der Marineschule in Flensburg-Mürwik	
3. 5.	Bildung der Marine-Luftschiffer-Abteilung in Berlin-Johannistal und der Marine-Flieger-Abteilung in Kiel	**1913**
28. 7.	Ausbruch des 1. Weltkrieges	**1914**
1. 11.	Beginn der Meuterei auf Schiffen der Kaiserlichen Marine in Kiel – Ausbruch der Revolution	**1918**
16. 4.	Gesetz über Bildung der „Vorläufigen Reichsmarine" verabschiedet (Neuorganisation und Umgliederung der Marine)	**1919**
23. 3.	Wehrgesetz, das auch die Bildung der endgültigen Reichsmarine vorsieht, durch den Reichstag verabschiedet	**1921**
8. 7.	Einweihung des U-Boot-Ehrenmals in Möltenort	**1930**
19. 5.	Stapellauf des ersten nach den Bestimmungen des Versailler Vertrages gebauten Panzerschiffes „Deutschland" bei den Deutschen Werken in Kiel	**1931**
26. 7.	Untergang des Segelschulschiffes „Niobe" vor der Insel Fehmarn; 69 Mann tot	**1932**

1935	18. 8.	Stapellauf des ersten Zerstörerneubaues der Reichsmarine „Leberecht Maaß“ (Z 1) bei den Deutschen Werken in Kiel
	21. 3.	Umbenennung der Reichsmarine in Kriegsmarine
1936	30. 5.	Einweihung des Marine-Ehrenmals Laboe
1938	12. 6.	(2.) Einweihung des (neuen) U-Boot-Ehrenmals in Möltenort
	8. 12.	Stapellauf des ersten deutschen Flugzeugträgers „Graf Zeppelin“ (nicht vollendet) bei den Deutschen Werken in Kiel
1939	1. 9.	Beginn des 2. Weltkrieges
1945	9. 4.	„Admiral Scheer“ kentert in Kiel
	2./3. 5.	Großadmiral Dönitz verlegt den Sitz der „geschäftsführenden Reichsregierung“ von Plön nach Flensburg-Mürwik
	7./8. 5.	Bedingungslose Kapitulation der deutschen Wehrmacht
	23. 5.	Verhaftung der „geschäftsführenden Reichsregierung“ in Flensburg-Mürwik durch britische Truppen
1956	ab Frühjahr	Aufstellung der Bundesmarine (eine der 3 Teilstreitkräfte der Bundeswehr der Bundesrepublik Deutschland)
	25. 5.	Indienststellung des Schulschiffes „Deutschland“ (Neubau)
	8. 11.	Wiedereröffnung der Marineschule in Flensburg-Mürwik
1972	13. 3.	Aufstellung des U-Bootes „U 995“ in Laboe als marinetechnisches Museum

Literatur-Verzeichnis

Andresen, Hans-Günther, Die ehemalige Marine-Garnisonkirche in Kiel-Wik. In: Schleswig-Holstein, H. 11/1979, S. 2–9, H. 12/1979, S. 6–9

Andresen, Hans-Günther, Bauen in Backstein – Schleswig-Holsteinische Heimatschutz-Architektur zwischen Tradition und Reform, Heide 1989 = Bd. 8 Schriften der Schleswig-Holsteinischen Landesbibliothek

Bähr, Jürgen, Kiel 1879–1979, Kiel 1983 = Kieler Geographische Schriften Bd. 58

Becker, Frido, Unterwegs – Fehmarn, Insel zum Verlieben, 3. Aufl., Hamburg 1988

Bock, Bruno, Kiel – Die Geschichte seines Hafens, (Kiel 1969)

Busch, Fritz Otto, Niobe – Ein deutsches Schicksal, Leipzig 1932

Dähnhardt, Dirk, Revolution in Kiel, Neumünster 1978 = Bd. 64 Mitteilungen der Gesellschaft für Kieler Stadtgeschichte

Dähnhardt, Dirk/Granier, Gerhard, Der Kapp-Putsch in Kiel, Kiel 1980 = Bd. 66 Mitteilungen der Gesellschaft für Kieler Stadtgeschichte

Detlefsen, Nicolaus, Die Kieler Stadtteile nördlich des Kanals. Holtenau, Pries, Friedrichsort, Schilksee; Neumünster 1978 = Bd. 65 Mitteilungen der Gesellschaft für Kieler Stadtgeschichte

Detlefsen, Nicolaus, Die ehemaligen Befestigungsanlagen beiderseits der Kieler Förde. In: Die Heimat, H. 4/5, April/Mai 1978, 85. Jg.

Hahn, F.(ranz), Führer durch die Ausstellung des Wehrgeschichtlichen Ausbildungszentrums der Marineschule Mürwik, 2. Aufl., (Flensburg-Mürwik) 1978

Haußmann, Geschichte der Standorte der Reichsmarine, Kiel 1929

Jensen, Jürgen, Seestadt Kiel – Geschichte und Gegenwart, Neumünster 1975

Jensen, Jürgen, Kiel im Kaiserreich 1871–1918, Neumünster 1978

Kleyser, Friedrich, Kleine Kieler Wirtschaftsgeschichte von 1242 bis 1945, Kiel 1969

Maas, Karl, Chronik der Landesbauverwaltung in Schleswig-Holstein, Kiel 1981

Matthei, Dr. Peter/Düppler, Dr. Jörg/Kuse, Karl Heinz, Marineschule Mürwik, Herford 1985

Mielke, O., Ein tragisches Ende. Segelschulschiff Niobe, München 1956

Nitzschke, Albert, Der Kieler Hafen im Deutsch-Französischen Krieg 1870/71. In: Mitteilungen der Gesellschaft für Kieler Stadtgeschichte, H. 3/4, Juli/Oktober 1971

Nitzschke, Albert, Die Festungsanlagen des Reichskriegshafens Kiel in der Zeit von 1865 bis 1888. In: Mitteilungen der Gesellschaft für Kieler Stadtgeschichte, H. 3/4, Juli/Oktober 1972

Paulenz, Bruno, Im Sturm der Zeit – 100 Jahre Kieler Yacht-Club, Kiel (1987)

Perlich, 50 Jahre Marineschule Mürwik. In: Schleswig-Holstein, 12. Jg., H. 10, Oktober 1960, S. 261–264
Plagemann, Volker, „Vaterstadt, Vaterland...“ – Denkmäler in Hamburg, Hamburg 1986 = Arbeitshefte zur Denkmalpflege in Hamburg Nr. 9
Rhades, Dr. Jürgen, Die deutsche Marine in Vergangenheit und Gegenwart, Minden/Westf. 1967
Röhr, Albert, Handbuch der deutschen Marinegeschichte, Oldenburg/Hamburg 1963
Röhr, Albert, Deutsche Marinechronik, Oldenburg/Hamburg 1974
Skovmand, Roar/Dybdahl, Vagn/Rasmussen, Erik, Geschichte Dänemarks 1830–1939, übersetzt von Olaf Klose, Neumünster 1973
Stärk, Hans, Marineunteroffizierschule Plön/Holstein, Plön 1974
Stewig, Reinhard, Kiel – Einführung in die Stadtlandschaft, Kiel 1971
Stolz, Gerd, Das „Seegefecht von Helgoland“ und ein Grabmal in Cuxhaven. In: Schleswig-Holstein, H. 5, Mai 1979, S. 18/19
Stolz, Gerd, Das Marine-Ehrenmal in Laboe. In: Jahrbuch für Heimatkunde im Kreis Plön, 12. Jg., 1982, S. 34–59
Stolz, Gerd, Kriegsgräber aus den deutsch-dänischen Kriegen von 1848/51 und 1864 in Nordfriesland und an der deutschen Nordseeküste, Husum 1985
Stolz, Gerd, Das Seegefecht vor Eckernförde am 5. April 1849, Eckernförde 1986 = H. 6 der Schriftenreihe der Heimatgemeinschaft Eckernförde e.V.
Stolz, Gerd, Die Schleswig-Holsteinische Marine 1848–1852, 2. Aufl., Heide/Holst. 1987
Stolz, Gerd, Kulturlandschaft zwischen Schlei und Nord-Ostsee-Kanal, Eckernförde 1988
Stolz, Gerd, Österreichische Kriegsgräber des dänisch-deutschen Krieges von 1864 in Schleswig-Holstein und Dänemark, Apenrade/Aabenraa 1990
Witthöft, Hans Jürgen, Lexikon zur deutschen Marinegeschichte, 2 Bde., Herford 1977/78
o. V., Seemacht und Geschichte – Festschrift zum 80. Geburtstag von Friedrich Ruge, herausg. v. Deutsches Marine-Institut, Bonn-Bad Godesberg 1975
o. V., 100 Jahre Haus an der Förde – von der Marineakademie zum Landeshaus 1888–1988, herausg. von der Präsidentin des Schleswig-Holsteinischen Landtags, (Kiel 1988)

Reiseführer:

Baedekers Flensburg, Freiburg/Br. 1972
Baedekers Kiel, Freiburg/Br. 1984
Woerl's Reisehandführer Kiel, 8. Aufl., Leipzig 1908

Personen-Register

Bildnachweis

Gerhard Beckmann, Westerrönfeld
121

Nicolaus Detlefsen, Die Kieler Stadtteile nördlich des Kanals, Wachholtz Verlag, Neumünster 1978
73

Walther Hubatsch, Die erste deutsche Flotte 1848–1853, E. S. Mittler & Sohn, Herford/Bonn 1981
13

Jürgen Jensen, Kiel im Kaiserreich, Wachholtz Verlag, Neumünster 1978
16/17, 18/19

Jürgen Jensen, Seestadt Kiel, Wachholtz Verlag, Neumünster 1975
24, 25, 26, 32/33

Kunstsammlungen der Veste Coburg, Coburg
105

Landesamt für Denkmalpflege Schleswig-Holstein, Kiel
57, 65, 76, 89, 107, 111, 112

Landesbibliothek Schleswig-Holstein, Kiel
66, 79, 82, 86, 87

Landesbildstelle Hamburg
122

Marineschule Mürwik, Verlag E. S. Mittler & Sohn, Herford 1985
110

Günter Pump, Nordhastedt
Titel, 117

Roland Pump, Nordhastedt
29

Schleswig-Holsteinischer Landtag, 100 Jahre Haus an der Förde, Kiel 1988
39, 41, 43

Gerd Stolz, Die Schleswig-Holsteinische Marine 1848–1852, 2. Aufl., Westholsteinische Verlagsanstalt Boyens & Co., Heide 1987
11, 35, 36, 37

Gerd Stolz, Kiel
23, 42, 45, 46, 47, 48, 49, 51, 54, 55, 56, 60, 61, 63, 80, 83, 84, 85, 92, 93, 98, 101, 102, 104, 106, 119

Marinehistorische Stätten

(Erläuterungen zu der Karte auf dem Rückendeckel)

1. Kiel
2. Kieler Förde
3. Plön
4. Insel Fehmarn
5. Eckernförde und Hemmelmark
6. Flensburg
7. Büsum
8. Kronprinzenkoog
9. Insel Helgoland
10. Cuxhaven
11. Hamburg-Altona